Uit duisternis tot licht

GODS LEIDINGEN

MET

Eliëzer Kropveld

ISBN 978-90-825366-1-4
1e druk 2016
2e, herziene druk 2017
Uitgeverij De Boekverkooper / Alblasserdam

Uit duisternis tot licht

GODS LEIDINGEN

MET

Eliëzer Kropveld

UITGEGEVEN

Door

De commissie voor de Christelijke Gereformeerde zending
onder ISRAEL

Gedrukt te Heusden bij A. Gezelle Meerburg, 1887.

Overgezet in de huidige spelling.

Uitgeverij De Boekverkooper – Alblasserdam

2017, 2^e herziene druk

"Broeders! de toegenegenheid mijns harten, en het gebed,
dat ik tot God voor Israël doe, is tot hun zaligheid".
Rom. 10:1.

Voorwoord van
DE COMMISSIE DER CHR. GER. KERK VOOR DE ZENDING ONDER ISRAËL.

Op onze laatste Vergadering, - 6 oktober te Vlaardingen gehouden, - werd besloten om een bescheiden, maar dringend verzoek te richten tot ons geacht medelid, broeder E. KROPVELD.

't Was het verzoek om de aantekeningen, welke de commissie wist, dat indertijd door hem gehouden waren, van de wonderlijke leidingen, door welke God hem van de Synagoge naar het Kruis had gebracht, tot een geschiedenis zijner bekering te willen uitwerken en het manuscript hiervan aan haar af te staan, met het recht om dit ten voordele der Zending onder Israël uit te geven.

De commissie wist wel dat zij haar geacht medelid hiermee iets vroeg, dat hij slechts inwilligen kon, als hij eerst eigen belang geheel en al ten offer gebracht en de stem van vlees en bloed het zwijgen opgelegd had. Ongetwijfeld toch zou een uitgave van het onderhavige werkje ten eigen bate, de zo algemeen en zo gunstig bekende schrijver, een voordeel hebben opgeleverd, dat thans aan de Zending - dat is aan Israël - vervalt, aan het volk, dat hem niet meer kent.

Maar dit is slechts het minste.

Gewichtiger was het bezwaar, dat de uitgave ener geschiedenis, waarin, om alle schijn van onware voorstelling te vermijden, veel met naam en plaats verhaald worden moest, bij menig Israëliet, op wiens achting en liefde onze broeder ook na zijn overgang steeds prijs bleef stellen, bitterheid en vijandschap opwekken zou. Maar de wetenschap, dat onze broeder zich met al het zijne aan Christus en Zijn Kerk overgegeven had, maakte de commissie vrijmoedig en onze broeder beschaamde haar niet, maar willigde in wat zij begeerde.

Openlijk betuigt zij bij dezen hem hiervoor haren hartelijke dank; zich bewust, dat zij dit doet in de geest van geheel de

Kerk, die zij de eer heeft tegenover Israël te vertegenwoordigen. Hierbij voegt zij de wens, dat de geschiedenis van Gods leidingen met ELIËZER KROPVELD, vóór alles geestelijke vrucht afwerpen mag; en, zal zij alles zeggen wat haar op het hart ligt, dan uit zij de wens, dat des schrijvers oude volksgenoten uit Israël (onder welke nog zovelen, voor wie zijn hart warm klopt) door de lezing ervan niet slechts tot ernstig onderzoek der Schriften, maar ook tot zijn geloof en zijn hoop worden gebracht. Geen ander loon begeert de schrijver dan dit; moge God het hem geven.

Dient deze uitgave tevens om hen die geloven, maar al twijfelende, in het geloof te sterken; en hen, die sterk zijn te prikkelen, tot de lof van Jehova's trouw.

Vergezelle 's Heeren gunst dit verhaal, en oogste de schrijver voor eigen hart de vrucht van deze arbeid rijkelijk in.

DE COMMISSIE VOORNOEMD,

Namens Dezelve:

A. H. GEZELLE MEERBURG.
VAN ANDEL.
DE GEUS.
J. W. A. NOTTEN.

Inhoud

Illustraties overgenomen uit 2e druk 1898.
De illustraties op de laatste pagina zijn overgenomen van de
website www.nostalgisch.koudum.nl

1. Inleiding

Hoe menigmaal ik er ook over gedacht heb en hoe sterk ik er ook op aangedrongen ben om de weg, die God met mij gehouden heeft, publiek mee te delen, deinsde ik evenwel, om onderscheidene redenen er immer voor terug.

Nu eens meende ik, dat het onbescheiden was om een gehele brochure over mijzelf uit te geven; dan weer werd ik teruggehouden door de gedachte, dat door het mededelen van mijn bekeringsgeschiedenis de vroeger ondervonden vijandschap weer opgewekt zou worden en mijn voormalige geloofsgenoten daaruit aanleiding zouden vinden om bij vernieuwing de Naam des Heeren te lasteren en zodoende zichzelf te bezondigen.

Wel was het steeds mijn begeerte, dat hetgeen de Heere mij had doen ondervinden in wijder kring bekend zou worden; maar ik dacht altijd dat dit eerst na mijn overlijden zou moeten plaats hebben.

Wel wist ik, dat onder andere Salomon Duitsch, dr. Capadose en anderen reeds bij hun leven min of meer van hun bekeringsweg in het licht hadden gegeven, toch heb ik er nimmer toe kunnen besluiten; zelfs niet toen de vraag bij mij oprees: of het niet zeer eigenaardig zou wezen om, bij gelegenheid van de 25ste verjaardag van mijn Doop, uit dankbaarheid aan God, te vermelden hoe Hij Zijn genade aan mij heeft verheerlijkt.

Het scheen alzo, dat van het werk, hetwelk mijzelf wel aantrok en ter uitvoering waarvan ik menigmaal verzocht ben, bij mijn leven althans, niets zou komen; ook hier echter bleek het, dat de mens schikkingen des harten heeft, maar dat het antwoord der tong van de Heere is.

Toen, gelijk in het voorwoord vermeld staat, op de vergadering te Vlaardingen geheel onverwacht het verzoek tot mij kwam, om mijn bekeringsgeschiedenis in het licht te geven, was mij dat een opmerkelijke zaak en zag ik daar dadelijk de leiding des Heeren in.

Zo menigmaal toch had ik overleggingen dienaangaande gehad, en begeerten gekoesterd, die echter nimmer tot uitvoering kwamen; omdat - ja, omdat ik het eigenlijk gezegd, met mijzelf niet eens was; niet wetende, of ik in deze wel in de weg des Heeren zou wezen, en bevreesd, dat mijn arglistig hart mij op doolpaden zoude leiden.

Maar zie! daar richt "de Eerwaarde Commissie voor de Christelijke Gereformeerde Zending onder Israël" het vriendelijk verzoek tot mij, om mijn levensbeschrijving voor de pers in gereedheid te brengen. Was dat niet een vingerwijzing Gods; was dat niet een duidelijk antwoord op mijn herhaalde vraag of het wel goed zou wezen, dat ik openlijk, als aan geheel de wereld vertelde, wat God aan mijn ziel had gedaan?

Dit helder inziende en wars van alle onoprechtheid en gemaakte nederigheid, gevoelde ik geen vrijheid het tot mij gerichte verzoek lang in overweging te nemen; maar gaf ik, lettende op de wenken van Gods voorzienigheid, tot de voorgestelde uitgave van mijn bekeringsweg, zonder veel aarzelen, mijn toestemming; het in orde te brengen handschrift stond ik onvoorwaardelijk aan de commissie af, die dit geschenk heel graag aanvaarde en onmiddellijk tot deze uitgave besloot.

Evenals ik, vond ook zij het zeer eigenaardig, dat deze bladzijden zo mogelijk tegen 12 maart 1887 het licht zouden zien; terwijl het dan juist 25 jaar is geleden, dat ik door de Heiligen Doop der Gemeente des Heeren ingelijfd ben.

En zo is dan door de zegen onzes Gods deze wens vervuld; in de blijde hoop, dat velen met mij die dag dankend en biddend mogen gedenken en dat de lezing van geheel dit verhaal rijke winst mag afwerpen voor de hemel.

O, welk een vreugde zou het voor mij wezen indien het strekken mocht ter waarachtige bekering van mijn nog onbekeerde familieleden; alsmede ter ontdekking van vele anderen onder het nakroost van Abraham.

Duidt het mij niet ten kwade, geliefde broeders en mijn enige geliefde zuster, die met mij onder hetzelfde hart bent gedragen; duidt, het mij niet ten kwade, verdere leden van mijn geslacht dat ik deze bladzijden het licht doe zien. Bijna 25 jaren heb ik er mee gewacht; maar nu had ik tot langer uitstellen geen vrijmoedigheid; te minder daar ik mij nog in het land der levenden bevind, en derhalve mij op mogelijke tegenspraak zal kunnen verdedigen, en de waarheid van het hierna vermelde zal kunnen handhaven.

Immers indien deze levensgeschiedenis eerst na mijn overlijden uitgegeven was geworden, dan had men wellicht de beschuldiging mij naar het hoofd geworpen, dat ik het bij mijn leven niet heb durven doen, om reden hetgeen ik ver haalde niet op waarheid was gegrond. Nu God mij echter het voorrecht schenkt, dat ik nog in het land der levenden mij bevind, kan ik op mogelijke beschuldigingen persoonlijk mij verdedigen.

Dit beseffende zult ook gij, waarde heer Denneboom het mij niet euvel duiden, dat ik deze bladzijden het licht doe zien, en hier en daar uw naam of gezin ter sprake breng.

Zal ik volledig zijn, hoe zal ik dan zwijgen van het huis, waarin, hetgeen ik beschrijven wil, heeft plaats gevonden; zwijgen van de personen die met mijn levensgeschiedenis in zo nauw verband staan? Aan alles kunt gij merken, dat het om te kwetsen mij geenszins te doen was; neen, daarvoor heb ik immer teveel achting u toegedragen, en beslaat ge nog een te grote plaats in mijn hart. Daarom heb ik ook van datgene wat u minder aangenaam is zo min mogelijk melding gemaakt, en alles in zo zacht mogelijke bewoordingen gesteld. Echter alles voorbijgaan was mij ten enenmale onmogelijk, wilde ik geen belangrijke toestanden onvermeld laten, en daardoor het geheel onduidelijk doen worden. Bitterheid is er echter in mijn hart niet, hoeveel bitters ik ook heb gesmaakt, omdat mijn Heiland mij heeft geleerd, zelfs mijn vijanden lief te hebben.

Beschouwt het daarom, familie en vrienden, of wie ge ook zijt, niet als een bewijs van vijandschap, acht het niet voor 'rischgnath' dat ik personen en toestanden zo duidelijk heb aangewezen. Dit moest ik doen, wilde ik der waarheid getuigenis geven, en tegen elke beschuldiging, als zou ik in deze volgende bladzijden verzinsel in plaats van waarheid leveren, gewapend zijn.

Dat het verschijnen van deze lectuur niet aangenaam is, laat zich o zo gemakkelijk begrijpen; terwijl daardoor personen en toestanden in herinnering worden gebracht, die reeds lang vergeten schenen te zijn, en die gij uit de aard der zaak liever voorbijgegaan had gezien.

Maar hoe zal ik geschiedenis schrijven, zonder op personen en feiten te wijzen, die de geschiedenis mee hebben gevormd, en die van de geschiedenis een onmisbaar bestanddeel uitmaken? Neutraal hierin te zijn, het mag worden beweerd, maar mogelijk is het niet; en waar men dat niet is, daar zullen ook altijd mensen worden geërgerd; zij namelijk die het licht der waarheid niet kunnen verdragen.

Dit is echter niet mijn schuld, en kan ik ook onmogelijk voorkomen.

Zolang toch de gekruiste Christus de Jood een ergernis en de Griek een dwaasheid is, zullen ook Joden zich ergeren aan alles wat van die Christus geschreven of gepredikt wordt; en zullen Grieken letterlijk alles dwaasheid vinden wat met die Christus in verband staat. De ergernis des kruises wordt eerst dan weggenomen, wanneer wij voor dat kruis leren knielen, en het leren beschouwen als de boom des levens, waarvan de meest heerlijke vrucht wordt geplukt.

Diep zou het mij smarten, indien het verschijnen van dit geschrift leiden zou tot vernieuwde breuken van zolang genoten vriendschap, en van zo aangenaam broederlijk verkeer; niets is dan ook door de genade des Heeren in mij wat aan vredebreuk of vijandschap mijnerzijds, met wie ook van mijn familie of geslacht, in de verste verte heeft gedacht of er aan denkt. Mocht nochtans dit boekske wrevel verwekken en bitterheid openbaar doen worden, ik zal dan een en ander moeten dragen als een nieuw deel van de versmaadheid van Christus, die Hij Zijnen discipelen heeft voorspeld en die mij door genade niet onbekend is. Die smaadheid had ik kunnen ontgaan, had ik naar de stem van vlees en bloed willen luisteren; dat is, had ik mijn consciëntie met voeten getreden en gebleven wie ik was. Dat was mij echter onmogelijk, want de Almachtige was mij te sterk geworden. En heeft in die dagen de Heere mij verwaardigd om Zijn smaadheid te mogen dragen, zo zal het mij een eer en een voorrecht wezen om - indien het Hem behaagt om Zijns Naams wille te moeten lijden - andermaal te ondervinden, dat, wanneer wij de daden des Heeren vermelden, wij dan op miskenning moeten rekenen. Nog eens: te beledigen wens ik niemand; maar waarheid moet ik melden.

Zo ga dan dit eenvoudig geschrift de wereld in, en worde het door vele duizenden gelezen! Make bovenal Abraham's God hetzelve dienstbaar om mijn broederen naar het vlees te doen zien, dat de Messias reeds lang is gekomen; dat alleen in de Heere Jezus Christus het enig en waarachtig geluk is te vinden en dat God genadig en barmhartig is, voor een iegelijk die in geest en waarheid Hem aanroept. En wordt dan tevens het hart van Gods kinderen verkwikt door bij vernieuwing te vernemen, dat een eenvoudig middel door de Heere kan worden gezegend; dat Hij de gebeden der Zijnen verhoort, en dat Hij het verbond der vaderen gedenkt; dan wordt deze nederige arbeid heerlijk bekroond, en wordt de wens vervuld van

DEN VER AFGEDWAALDEN, MAAR DOOR GOD GEZOCHTEN ISRAELIET,

Alblasserdam, februari 1887.
E. KROPVELD.

2. Kinderjaren

Te Coevorden in Drenthe, op 8 juni 1840 uit Joodse ouders geboren, spreekt het vanzelf dat ik in de Mozaïschen godsdienst opgevoed werd, naar de wijze zoals die heden onder Abrahams nakomelingen bestaat; terwijl mijn geliefde en onvergetelijke moeder met geheel haar hart er zich op toelegde, om mij in de inzettingen der ouden te doen wandelen. Moeder zeg ik; aangezien vader, toen ik nog maar drie weken oud was, aan een borstkwaal, die reeds lang zijn gestel ondermijnd had, is overleden en ik dus nimmer de vader naam als zodanig heb mogen noemen.

Op moeder, die met 7 kinderen overbleef, rustte toen een zeer zware taak; te meer daar ook 4 ouderloze kinderen van vaders broer door moeder als haar eigene waren aangenomen. Toch vervulde zij haar roeping met lust en was het haar ernstig streven om geheel het gezin in orde en tucht te houden, en ging zij allen in een zeer onberispelijk leven voor.

Streng orthodox als zij was, evenals al haar broeders en zusters, en naar men mij meegedeeld heeft, als ook vader geweest was, spreekt het vanzelf, dat zij ook de kinderen in dezelfde geest opvoedde. Geen schooltijd mocht worden verzuimd, geen gebed mocht worden nagelaten, met geen ongewassen handen mocht worden gegeten. Was een der kinderen niet naar de Synagoge geweest, of had het haar, zoals dit menigmaal gebeurd, lang voor het eindigen van de godsdienst verlaten, dan werd het ernstig berispt en niet zelden streng gestraft; zodat ook aan mij niets werd gespaard om mij tot een flinke vromen Joodse jongeling te maken.

Zo vroeg mogelijk moest ik mee naar de Synagoge en werd ik naar de Joodse school - "Gedar" genaamd - gezonden , om in de voorvaderlijke godsdienst te worden onderwezen, terwijl ik de stadsschool bezocht om gewoon lager onderwijs te genieten.

Waar het vandaan kwam weet ik niet, maar feit is het, dat ik op acht- of negenjarigen leeftijd veel liever naar de gemengde lagere school dan naar de Joodse ging; dit was zo sterk, dat ik de laatste wel verzuimde, om de eerste te bezoeken. Of de Heere toen dan al in mij werkte? Dit zou ik niet gaarne beweren, aangezien er zoveel tegenover stond; hoewel er aan de andere zijde ook weer verschijnselen aanwezig waren, die bij andere Jodenkinderen niet werden gevonden.

Ik durf niet zeggen, dat de Heere reeds in mijn kindse dagen bijzonder in mij werkte, omdat ik evenals ieder ander kind uit Israëlitische gezinnen, met bittere vijandschap was vervuld tegen de Heere Jezus. Natuurlijk was dit bij een kind blinde vijandschap en een nadoen van hetgeen in huis en omgeving gezien en gehoord werd. Toch was die vijandschap zo sterk, dat ik zo goed als ieder ander Joods kind, de naam van Jezus, zo dikwijls die bij het lezen voorkwam - het was nog vóór 1857 - eenvoudig oversloeg, waartoe de onderwijzer volkomen vrijheid gegeven had; evenals dat wij gedurende de schooltijd ons hoofd gedekt mochten houden. Een ander bewijs voor de bitterheid waarmee ik bezield was, is dat ik bij gelegenheid eens twist had met een christen-schoolkameraad, ik o zo hevig op de Heere Jezus schold, en het als zeer Gode welgevallig aanmerkte, dat mijn voorvaderen Hem tot de kruisdood hadden overgeleverd; zelfs voegde ik er in mijn kinderlijke dwaasheid bij, dat, indien ik getuige van Zijn kruisiging geweest zou zijn, ik Zijn lijden zeer zou hebben verzwaard.

Waren zulke uitingen nu dwaas en droevig, ik durf aan de andere zijde ook niet ontkennen, dat ik mij in sommige opzichten wel ietwat van andere kinderen onderscheidde. Niet dat ik hun in wellevendheid en braafheid overtrof; neen, ik was ondeugend genoeg, en openbaarde al zeer vroeg, dat ik een echte zoon van Adam was; maar er waren trekken in mij, die voor een Joods kind wel zeer eigenaardig waren. Zo weet ik mij nog uit mijn eerste kinderjaren te herinneren, - ik was naar gissing nog geen 5 jaar - dat ik graag met moeder over God, alsmede over dood en eeuwigheid sprak. Onder anderen deed ik eens de vraag hoe het wel met de mens gesteld zou zijn, als hij dood was; welke vraag door moeder op ontwijkende wijze beantwoord werd. Ook staat het mij duidelijk voor de geest, dat ik menigmaal ernstig nadacht over het bestaan van God, en mij enerzijds niet kon verklaren wie God was, terwijl ik anderzijds meende, dat de eeuwigheid Gods louter toeval was. Neen, eeuwigheid is hier het rechte woord niet, aangezien ik meer over het eerst- zijn van God dacht, en wel uitgedrukt heb: "dat God God is komt enkel hier vandaan, omdat Hij, er eerst is geweest; indien anderen voor Hem zouden geweest zijn, dan zouden die met de Godheid bekleed zijn geweest". Natuurlijk zijn dit de meest zotte redeneringen; voor een Joodse knaap van nog zeer jeugdige leeftijd zijn ze evenwel, naar mijn bescheiden mening, zeer eigenaardig, aangezien ik nooit heb bespeurd, dat zulke overleggingen bij mijn makkers gevonden werden; integendeel lachten en scholden zij mij uit, wanneer ik eens over deze dingen met hen sprak.

Een andere trek, die ik mij uit mijn kindse jaren weet te herinneren, is dat ik onderzoekend en leergierig als ik was, heel graag in het Nieuwe Testament las.

Helder als kristal staat het mij nog voor de geest, dat ik zeer dikwijls bij een overbuur kwam, en dan al spoedig in de boeken snuffelde, die in vensterbank of op tafel meestal voor de hand lagen. De oude schrijvers, als Brakel, Smijtegelt, Hellenbroek en anderen trokken mij in het minst niet aan; niet omdat hun inhoud mij niet beviel; och neen, daar maakte ik niet eens kennis mee; maar omdat hun uiterlijk, hun vorm mij afstootte. Die dikke vierkante klompen papier met hunne veelal zwarte of ook wel perkamenten - maar dan toch in elk geval stijve banden, neen, die konden onmogelijk tot lezen mij uitlokken. En dan die Duitse letter met vreemde uitdrukkingen, met dat 'ofte' en 'nochte' zoals ik het in de samenleving nimmer hoorde; neen, die rare boeken, zoals ik toen meende, konden mij geenszins bekoren. Natuurlijk was het grote dwaasheid om ter wille van de onbehagelijke vorm geheel de inhoud te verachten, en ware het te wensen, dat vele van die oude Schrijvers, vooral Brakels „Redelijke Godsdienst" nu wat meer werd gelezen, in plaats van al die christelijke romannetjes, die het hoofd op hol kunnen brengen en het harte ledig laten. Toch is die dwaasheid in een kind van tien of elf jaren wel te verklaren, en te dragen ook wel; vooral in een kind, dat uit Joodse ouders gesproten is en dus van christelijke boeken niets weet. Toch trok het Nieuwe Testament mij aan, voor zover ik oordelen kon, enkel om de liefelijke vorm. Een dun boekske, met helder papier en duidelijke letter, in een taal, zoals ik op school dezelve leerde; ja, dat boeide mij; om welke reden ik niet alleen bij onze buurman Jan de Roos er in las, maar hem bovendien verzocht of ik het mee mocht nemen naar huis. Dit werd mij toegestaan, hoewel ik op het bedenkelijke, dat indien moeder of iemand anders van de familie eens ontdekten, dat ik in het Nieuwe Testament las, wel werd gewezen. Aan dit bezwaar kwam ik echter tegemoet, door te beloven, dat ik het goed verbergen en het alleen in mijn eenzaamheid lezen zou. Dit laatste deed ik meestal des morgens dadelijk bij het ontwaken, voordat ik in de huiskamer kwam.

Welke invloed dat lezen op mij uitoefende? Voor zover ik mij herinneren kan weinig of niets, althans niet dadelijk; zeker ook omdat ik het meeste niet begreep; wat ik begreep hield ik voor het grootste gedeelte voor onwaarheid, eenvoudig beschreven om Jezus van Nazareth als een voortreffelijk persoon voor te stellen. Trouwens, diep dacht ik over het gelezene in het geheel niet na; alleen wist ik iets meer van de Nieuw-Testamentische personen, dan de meeste mijner kameraden.

Nu echter verheug ik mij zeer en dank er de Heere voor, dat Hij in de weg Zijner goede en alles besturende voorzienigheid, reeds op zo jeugdige leeftijd mij met het Nieuwe Verbond in kennis stelde; een voorrecht toch viel mij hiermee te beurt in onderscheiding van bijna al mijn geloofsgenoten, waardoor mij later, toen het mij werkelijk behoefte werd om ook de leer des Nieuwen Testamants te onderzoeken, alles veel minder vreemd voorkwam, dan het zou gedaan hebben, indien ik nimmer een Nieuw Testament had gezien.

Zo kunnen we alles het best van achteren bezien en hebben we stof om de wegen te bewonderen, waarlangs de Heere de Zijnen belieft te leiden.

Al meer en meer naderde nu de tijd, dat ik mij voorbereiden moest voor het afleggen mijner belijdenis, hetwelk volgens de leer van de Talmoed op precies 13jarige leeftijd moet geschieden. Dientengevolge begon ik „Tephilin" te leggen, dit is de gebedsriemen op de arm en om het hoofd te binden, en het hoofdstuk hetwelk ik bij mijn aanneming openlijk in de Synagoge moest voorlezen, van buiten te leren. Bij die gelegenheid wordt namelijk de jongeling die „Bar Mitzwah" dit is een zoon der wet wordt, met veel plechtigheid voor de "Thorah" geroepen, waar hij dan, in plaats van de voorzanger, uit de perkamenten rol, die zonder klinkers, en zonder toontekens geschreven is, het geleerde kapittel moet voorlezen. Is de plechtigheid in de Synagoge afgelopen, dan gaat men naar huis, waar men vrolijk samenkomt, en op feestelijke wijze de dag besluit.

Vanaf dit ogenblik staat volgens de leer der Rabbijnen de 13jarige jongeling voor eigen rekening. Zijn de ouders aansprakelijk voor de zonden, die hij voor dit tijdstip heeft bedreven, vanaf dit ogenblik, zal hij zelf er voor moeten boeten; waarom hij dan ook evenals ieder ander Israëliet nu en dan gehele dagen moet vasten en in alles wat de Mozaïsche godsdienst aangaat voor mondig worden erkend.

Terwijl na het "Bar Mitzwah" het bezoeken van de gewone Joodse school ophoudt en er te Coevorden evenmin als in andere kleine gemeenten, een "Jeschiba", dit is een inrichting voor hoger Rabbinaal onderwijs, aanwezig was, beschouwde ik mijn schooljaren geëindigd te zijn; alleen bleef ik de avondschool bij de openbare onderwijzer vooreerst nog bezoeken. Ook had ik, evenals een enkele van mijn vroegere schoolmakkers, bij een ontwikkeld lid der Joodse gemeente, die later Parnassijn, dit is opziener, is geworden, wel verder Talmoed kunnen studeren; daartoe gevoelde ik echter niet de minste trek. Onmogelijk was het mij te kunnen beseffen, waartoe de kennis van de Mischna en de Gemara mij ooit of immer dienstig zou kunnen zijn, terwijl ik bovendien op Sabbat liever uitspanning zocht, dan dat ik enige uren "Mischnaït", dit is Talmoed, zou leren.

Graag beken ik, dat dit zeer dwaas van mij was gehandeld; want vooreerst was ik, als pas mondig verklaarde Israëliet, ten duurste verplicht om mij in de leer van de Israëlitische godsdienst hoe langer hoe meer te bekwamen en ten andere zou meerdere kennis van de Talmoed mij later maar al te zeer van pas zijn gekomen; terwijl de zucht naar ijdel vermaak, en dat nog wel op de Sabbatdag, al geheel en al verkeerd was. De mens van nature ziet echter aan wat voor ogen is, volgt de begeerlijkheden zijner natuur, en toont maar al te duidelijk dat de godsdienst, die hij belijdt, hem geen zaak des harten, maar dikwijls enkel lippenwerk is. Vanzelf rees nu de vraag bij moeder en ook bij mij op, tot welk vak ik zou worden opgeleid; welke vraag echter eerder gedaan dan wel doelmatig beantwoord was.

Wel trok het leren van een handwerk mij meer aan, dan om met de handel mij bezig te houden; omdat echter aan het volbrengen van deze begeerte van mij, vele bezwaren in de weg stonden, zette ik op meer uitgebreide schaal voort, wat ik als kind reeds begonnen was, namelijk het aanbieden van onderscheidene koopwaren, vooral galanterieën in en buiten de stad.

Recht bevallen wilde mij dat echter niet; onder andere ook omdat ik al vrij spoedig begreep, dat, indien ik zo bleef voortgaan, mijn moeder al heel weinig aan mij zou hebben; aangezien de concurrentie zeer sterk was en tevens, dat ik langs deze weg op maatschappelijk gebied altijd zou blijven wie ik was.

Hier kwam bij, dat ik mij in Coevorden volstrekt niet thuis gevoelde, waartoe onderscheidene oorzaken medewerkten, waarom ik zo graag wilde, dat zich ergens een betrekking voor mij opdeed, als winkelbediende bijvoorbeeld zoals ook twee van mijn broeders zulk een betrekking hadden bekleed. Die wens zou spoedig worden vervuld.

MIJNE ONVERGETELIJKE MOEDER.

GEBOORTEHUIS TE COEVORDEN.

3. Naar Emlenkamp

Daar ook moeder zeer goed begreep, dat mijn voortdurend verblijf te Coevorden, noch voor haar, noch voor mijzelf doelmatig was, kon zij mijn wens naar verandering zeer goed billijken, en zag zij evenals ik er wel naar uit, dat ik in een of andere betrekking kon worden geplaatst.

Spoediger dan wij dachten deed zich de gelegenheid hier voor.

Op zekere dag in het voorjaar van het jaar 1855 kwam de heer M. Denneboom, van Emlenkamp, een dorp op twee uur afstand van Coevorden, in de Graafschap Bentheim, tot ons, die mijn begeerte vernomen had en nu eens over een en ander wenste te spreken.

Alleen als Israëliet op een dorp wonende, gevoelde hij behoefte om iemand bij zich in huis te hebben, die de kinderen godsdienstig onderwijs gaf, ten einde zij de gebedenboeken en de vijf boeken van Mozes zouden kunnen lezen, en tevens bekend zijn met datgene wat zij als Joodse kinderen dienden te weten. Werd mijn tijd voor dit doel niet in beslag genomen, dan kon ik in de manufactuur- of kruidenierswinkel behulpzaam zijn.

Zowel moeder als ik, kwam deze betrekking zeer gewenst voor en daar wij spoedig over het akkoord eens waren, werd afgesproken, dat ik, zodra het huis, hetwelk met vele anderen een prooi der vlammen was geworden, enigszins herbouwd zou zijn, voor goed zou overkomen.

Nu ik aanvankelijk mijn wens vervuld zag, gevoelde ik mij zo verlicht, als ware mij een steen van het hart gevallen, en kon ik nauwelijks de tijd afwachten, waarop ik naar Emlenkamp heen zou gaan.

Eindelijk was de dag dan daar, waarop ik van moeder en familie afscheid nam, om, wel niet de wijde wereld in te gaan, maar toch, om onder vreemden te verkeren; en stapte ik vol moed, en met allerlei idealen in het hoofd, zoals men dat van een 15-jarigen jongeling verwachten kan, de Bentheimer poort uit, regelrecht op Emlenkamp aan, waar ik een paar uur later de nog lang niet voltooide woning van mijn patroon binnen trad.

Nooit zal ik dien 1e Juni van het jaar 1855 vergeten, de dag die het begin was van een nieuwe loopbaan, en die mij heenvoerde naar de plaats, waar ik lief en leed heb gesmaakt; en waar ik - hetwelk meer zegt dan alles - de grootste schat zou vinden, die ooit een sterveling te beurt vallen kan.

"O, diepte des rijkdoms beide der wijsheid en der kennis Gods! hoe ondoorzoekelijk zijn Zijn oordelen, en onnaspeurlijk Zijne wegen"! Die de wens van een onervaren knaap vervuld heeft, om langs die weg Zijn vrije genade te openbaren, en bij vernieuwing te bevestigen, dat Hij gevonden wordt van hen die naar Hem niet vragen; gevonden wordt van degenen, die Hem niet zochten. Maar laat ik de geschiedenis niet vooruit lopen.

In mijn nieuwe betrekking, waar ik evenveel af als aanleren moest, beviel het mij over het algemeen zeer goed; voor zover ik merken kon was ook mijn patroon goed met mij ingenomen. Ook met mijn dorpsgenoten, met wie ik in de winkel en bij de huizen dagelijks omging, en bij wie ik een groot gedeelte van de Sabbat in gezellige praat doorbracht, kwam ik weldra op goede voet.

Die dorpsgenoten bestonden uit Hervormden, die tot de Staatskerk van het graafschap Bentheim behoorden; Oudgereformeerden, in alles overeenkomende met de toen Christelijk Afgescheidenen in Nederland; en Rooms Katholieken. Met allen ging ik vriendschappelijk om, en - eigenaardig als het was - met allen had ik gedurig gesprekken over de godsdienst , die soms meer schertsende gehouden werden, maar toch ook soms zeer ernstig waren. Zo geraakte ik, toen ik nog maar een jaar in Emlenkamp geweest was, met zekeren smidsgezel, Schievink genaamd, in een zeer ernstige strijd over de Messias; waarbij ik mij sterk maakte hem te zullen bewijzen, dat de Messias nog komen moest. Hoe vreemd zag ik echter op, toen die eenvoudige smidsknecht mij een lange lijst voorhield, waarop uit het Oude Testament bewezen werd, dat Jezus Christus de Messias is, Die aan de vaderen was beloofd.

Natuurlijk maakte ik mijn tegenwerpingen, zoals ik die, als het ware, met de moedermelk had ingezogen; hij had echter maar al te veel tegenbedenkingen, die ik wel niet voor geldig erkende, maar nog veel minder weerleggen kon.

Voor het uitwendige was ik dus met hart en ziel Israëliet; echter niet zulk een die in de voetstappen van vader Abraham wandelde, maar iemand, die gelijk alle Israëlieten van de tegenwoordige tijd aan de letter vasthield, en die bij de belijdenis van de Joodse godsdienst, in danspartijen, en komedies, in concerten en kermissen mijn grootste vermaak zocht, gelijk nog tot op de huidige dag bijna elke week een groot deel van het Joodse publiek - vooral in Amsterdam - op bals of in komedies zijn uitspanning zoekt.

Terwijl deze vermakelijkheden echter in Emlenkamp niet gevonden werden, zocht ik mijn genot in de genoegens, die anderen van mijn leeftijd op het eenvoudige dorp najaagden, en ging ik voor afwisseling nu en dan eens naar Coevorden, èn om mijne enige zuster en verdere familiebetrekkingen te bezoeken, èn niet minder om mij in de kringen mijner vroegere kennissen te vermaken. Tussenbeiden ging ik ook wel naar het op vier uur afstand van Emlenkamp gelegen Hardenberg, waar moeder, die al zeer spoedig na mijn vertrek de huishouding had opgebroken, bij een mijner ooms inwoonde en waar sinds enige jaren mijn oudste broer zich gevestigd had. Natuurlijk bezocht ik bij die gelegenheid ook de Synagoge; terwijl ik echter evenals tal van mijn broederen naar het vlees volstrekt niet godsdienstig was, gelijk er toen in dat zelfde Hardenberg en Coevorden gevonden werden, die op zijn best eenmaal in het jaar ter Synagoge kwamen, zo was het kerk gaan ook voor mij slechts bijzaak, en het jagen naar genot het voornaamste.

Dit was natuurlijk diep te betreuren, gelijk ik ook op dit ogenblik er niet anders dan met diepe droefheid aan denk.

Ter wille der waarheid en ter voorkoming van valse gevolgtrekkingen moet ik hier echter nog bijvoegen - in geen geval ter verontschuldiging of ter verzachting – dat, zoals uit bovenstaande reeds kon worden opgemerkt, ik hierin volstrekt niet alleen stond, maar dat voor o zo velen het bezoeken der Synagoge enkel vorm was; en men veel meer zich toelegde op het jagen naar datgene wat de wereld aanlokkelijk belooft.

Bleek dat niet duidelijk in hen, die, niettegenstaande er op de Sabbatdag driemaal Godsdienstoefening was, er op zijn best eenmaal kwamen; of in hen, die een halfuur en later, en op sommige feestdagen, waarop de godsdienstoefening zeer lang duurde, wel twee uren later ter Synagoge kwamen, dan men behoorde te komen; of in hen die lang voordat de dienst geëindigd was het gebouw reeds verlieten, om niet eens te spreken van diegenen, die tussen de dienst even naar huis gingen ontbijten, en daarna ter Synagoge terugkeerden; of van dezulken die onder het voorlezen van de "Haftara", dit is een gedeelte uit de profeten, hetwelk met het gelezene uit de Thora, uit de vijf boeken van Mozes, enigszins in verband staat, niet alleen naar buiten gingen om voor de Synagoge een weinig te keuvelen, maar tevens in een naast bijzijnde tapperij eventjes een bittertje namen.

En dat het nu, na vijfentwintig jaar, er nog niet veel beter op geworden is, zelfs niet in het vanouds zo orthodoxe Amsterdam, bewijst onder andere de klacht die nog niet lang geleden in een Joodse courant, in het "Onafhankelijk Israëlitisch Orgaan" is aangeheven. In het No. van vrijdag 8 oktober 1886, vinden we behalve veel andere klachten, de volgende aantekening: "Geen feest- of vastendag wordt met groter ernst en aandacht gehouden dan die van de Grote Verzoendag! Zelfs zij, die het gehele jaar aan geen Synagoge denken, bij wie de feest- en vastendagen ongemerkt voorbijgaan, ja, bijna geheel in vergetelheid geraakt zijn, bereiden zich verscheiden weken vooraf reeds op die grote, ontzagwekkende dag voor, en vergeten niet om die gehele dag in de Synagoge met vasten en bidden door te brengen".

Ja, zo moest het zijn, met die verheven gedachten moesten allen bezield wezen . . . en toch . . . voor zeer velen gaat zelfs die dag ongemerkt voorbij, en worden er hier in 't openbaar, daar in 't geheim, opzettelijke bijeenkomsten gehouden, of de handelszaken als naar gewoonte gedreven.

Dit is voorzeker hoogst bedroevend en kan ons niet tot vreugde stemmen bij zulk een verbastering van het aloude, dierbare geloof. Gelukkig echter is de overgrote meerderheid van het Jodendom niet van dat allooi en een geheel ander gevoelen toegedaan. Op die dag toch zijn de anders zo levendige straten om en bij de Synagogen als ware het geheel uitgestorven, en bevinden zich de mannen en voor een groot deel ook de vrouwen in onze Godshuizen, om er tot na zonsondergang te vasten en te bidden. De Synagogen zijn alsdan eivol en menig treffend en hartverheffend gebed stemt tot waren godsdienstzin, tot verheerlijking van de Koning aller koningen, terwijl hier en daar een zachte snaar wordt aangeroerd, die tot vele herinneringen aan de wederwaardigheden in het afgelopen jaar opwekt, en de uit een beangstigd hart opwellende woorden: "Hemelse Vader, vergeef ons toch, scheld ons toch onze zonden kwijt, doe verzoening over ons"! met kracht en klem worden aangeheven.

En toch ook hier kan en mag men de lofzang tegenover die vrome en getrouwe bezoekers der Synagoge op de Grote Verzoendag niet al te hoog stemmen. Het is waar, men gaat ter Synagoge, men bidt en brengt er de gehelen dag in door, onthoudt zich van de Kol-nidré-avond af tot de volgende dag na zonsondergang van spijs en drank, volgens het voorschrift onzer heilige leer: "van de enen avond tot de anderen zult gij de rustdag der rustdagen vieren, zult gij uw persoon kastijden, dat wil zeggen: u van spijs en drank onthouden. En een ieder, die deze dag niet vast, zal worden uitgeroeid", dat wil zeggen: zal de goddelijke straf niet ontgaan.

Getrouw aan dit goddelijk bevel, zijn dan ook onze Synagogen op de Grote Verzoendag tot in het kleinste hoekje bezet. En al moge de voorzanger nog zo vervelend, de prediker nog zo onlogisch en onwaar zijn, men verlaat zijn plaats niet, doch blijft er geduldig wachten, totdat na het indrukwekkende Scheimot, de bazuin de enige tekia[1] heeft doen vernemen, en het gewone avondgebed verricht is, welk laatste nochtans ook door velen veronachtzaamd wordt.

Maar nu rijst de vraag vanzelf: met welke bedoeling treedt men toch die grote en ontzagwekkende dag in Gods heiligen tempel, met welke bedoeling vast en bidt men daar en smeekt men vergeving af voor begane zonden? Natuurlijk moet het antwoord luiden, om met het vaste voornemen bezield te zijn, zoveel mogelijk te zorgen, dat men het volgende jaar die zonden niet meer begaan, zich aan een vergrijp tegen God en de mensen niet meer schuldig maken zal. Eerst dan zal deze Verzoeningsdag vruchtdragend zijn, eerst dan kan het heten, dat men zich tegenover God met een oprecht hart en een oprecht berouw bekeerd heeft. Maar helaas! Voor hoevelen is die dag niets anders dan een dag, dien men gewoon is elk jaar op dezelfde wijze door te brengen, zonder iets hooggenaamd verhevens hierbij te denken en te gevoelen! De meeste gebeden worden werktuigelijk gezegd of eenvoudig overgeslagen. Dat het onverstaanbare er van hiertoe zeer veel bijdraagt, zullen wij niet ontkennen. De indruk van de dag echter gaat er geheel door verloren. En wat er nog meer afbreuk aan doet is: het onhebbelijke om dezelfde personen elk jaar op die dag voor de Tora te roepen, anderen bijna als onwaardige of als onvermogende te beschouwen en de mitswot vooral bij de gebeden voor weinig of veel geld aan dezelfde persoon te

---

[1] Een der namen waarmee de onderscheidene geluiden van de bazuin word aangeduid.

geven, die uit hoffelijkheid zijn familieleden en vrienden er mee vereert!

Zoiets, geheel tegen de bedoeling van die heilige dag indruisende, moest niet voorkomen, maar een ieder elk jaar op zijn beurt een keriah en een mitswot kunnen verkrijgen. Maar dit alles zou nog het ergste niet wezen en zouden wij ter wille van de financiën ener gemeente nog over het hoofd kunnen zien, ware het met de gemoedstoestand, met het inwendige des mensen op die dag zo gesteld, dat men die dag in der daad een dag van verzoening kon noemen. Wanneer de gang naar de Synagoge er toe bijdroeg dat men in werkelijkheid begreep waarom men er heengaat, welke dag het is en wat die betekent, waarop men voor Gods aangezicht verschijnt om Hem onze zonden te belijden en vergeving af te smeken voor ons en onze gezinnen, voor vader, moeder, zoon, dochter, vrouw en kinderen, dan, ja dan, zou dit van grote invloed zijn op ons verder leven, op ons gedrag in het toekomstige jaar.

Maar helaas! Juist dat is het, dat wij er te enenmale missen . . . het ware begrip, de juiste betekenis van het grote gewicht van de Grote Verzoendag. Men vast, gaat ter Synagoge, bidt er de gehele dag ... maar zonder iets hoegenaamd er bij te denken of te gevoelen. Het spreekt vanzelf, dat er ook uitzonderingen zijn, maar verreweg het grootste gedeelte hoopt reeds Kol-nidré-avond op de volgende avond om thuis de koffie te zien dampen, het brood gesneden voor zich te zien liggen en daarna even smakelijk zijn sigaar te kunnen roken.

Zo was het ook bij mij. Het gemis van de Synagoge kon ik o zo goed dragen, en wanneer ik te Coevorden of elders was en er heenging, dan deed ik dit evenals de meesten uit gewoonte, en was blij genoeg als de diensttijd geëindigd was, ten einde mij naar hartenlust te kunnen vermaken.

Velen mijner familieleden, en bij name mijne ooms en tantes stuitte dit echter zeer tegen de borst. Deze namelijk - althans wat de eigen broeder en zuster van moeder betreft, die van vaders zijde heb ik zelden of ooit ontmoet - waren streng godsdienstig, en naar ik onvoorwaardelijk geloof uit besliste overtuiging, zoals er in de stad mijner geboorte enkele families meer waren, aan wie ik steeds met de grootste achting denk en die bij de grote hoop gunstig afstaken.

Niet alleen werd, zo min in de dagen der week als op de rustdag, één godsdienstoefening door hen verzuimd, maar steeds waren zij de eersten in de Synagoge, en konden zij er het laatst worden gezien. Sloegen anderen tal van voorgeschreven gebeden over, zij volgden de bepaalden ritus; en verrichtten, meestal met het aangezicht naar de wand gekeerd, hun gebeden, die zij zonder twijfel met gevoel des harten slaakten. Liepen anderen niet zelden onder de dienst twee- en driemaal uit de Synagoge, zij deden dit niet anders dan bij grote noodzakelijkheid; op een gehele Verzoendag soms maar een enkele keer. Zij brachten de Sabbatdag niet door in ijdel gezwets of in het spreken over handelszaken, maar in het lezen van de wet en de profeten, alsmede van godsdienstige boeken, in het zingen van stichtelijke Hebreeuwse liederen, en in het bezoeken van gelijkgezinde vrienden. Aan deze strenge Sabbatsviering beantwoordde ook het godsdienstige leven in de week; zodat b. v. wijlen mijn waarde en onvergetelijke oom David Roos, die om handelszaken veel onder de Christenen moest verkeren, niet anders dan bij hoge noodzakelijkheid bij deze iets zou gebruiken, waarbij zelfs dan nog het ceremonieel zo streng mogelijk in acht genomen werd. Dat nu het luchthartig leven van zovelen hunner geloofsgenoten zulke vrome Israëlieten een doorn in het oog was, spreekt wel vanzelf; even begrijpelijk als het is, dat ik mij menige vermaning en berisping hunnerzijds moest laten welgevallen. Hiertoe gevoelden zij des te meer zich gedrongen, omdat ik onder het opzicht van moeder weg was en de meerderjarigheid nog lang niet had bereikt.

Die vermaningen en berispingen kon ik dan ook zeer goed verdragen niet alleen, maar was soms zo diep van de juistheid hunner opmerkingen overtuigd, dat ik in oprecht gemoed beloofde, voortaan vromer te zullen zijn; Wat ik mij dan ook ernstig voornam. Gewoonlijk duurden die goede voornemens echter niet lang, maar bezweek ik meestal, zodra de gelegenheid om aan ijdel vermaak deel te nemen, zich weer aanbood, voor de verzoeking, terwijl ook het opzeggen van vele gebeden, en het streng godsdienstige leven mij ook wel wat hard viel.

Verwonderen kan dit natuurlijk niet, aangezien alles in eigen kracht werd ondernomen; de ijdelheid in het hart van de jongeling gebonden is en het kruisigen van het vlees voor onze natuur uiterst moeilijk is en zonder de vreze des Heeren niet dikwijls en nimmer op de rechte wijze plaats vindt.

Klopte mij nu en dan het geweten al eens, durfde ik niet denken aan de eindelijke vergelding, waaraan ik bijna altijd bleef geloven, dan paaide ik mij met de aanstaande Grote Verzoendag, al was die ook nog maanden lang verwijderd, waarop, dan zoals ik evenals ieder Israëliet meende, mijn zonden zouden vergeven worden; of bad ik - althans in de latere tijd van mijn onbekeerd leven - ook wel tot God, om vergeving en bedekking mijner overtredingen. Dat bidden kwam dan werkelijk uit het hart, voor zover een onherboren mens bidden kan. Ik wil er eenvoudig dit mee zeggen: het waren dan geen formuliergebeden, die in een of ander boek te vinden zijn, maar gebeden overeenkomstig de behoefte van het ogenblik, overeenkomstig de toestand waarin ik dan mij bevond. Of er toen dan al wat in mij omging? Ja, wie zal dat beslissen; wie zal het juiste ogenblik bepalen, waarin de Heilige Geest in de voorwerpen van Gods welbehagen begint te werken? Ik voor mij geloof vast en zeker, dat dit veel te dikwijls, en daarom veel te lichtvaardig bepaald wordt; waarom ik zeer schroomvallig ben om dienaangaande iets met zekerheid te zeggen. Dit staat echter vast, dat ik tot in mijn 21^e jaar toe, de zonde met vermaak heb gediend; al was het dan ook menigmaal met een kloppend geweten, en met tussenpozen van een meer godsdienstig leven; en dat ik dientengevolge toen niet anders dan met schrik en ontroering aan dood en eeuwigheid heb kunnen denken. Maar even waar is het, dat, gelijk volgens eerdere mededeling, er als kind reeds eigenaardige trekken in mij aanwezig waren, ik ook als jongeling mij anders openbaarde, als men bij de Israëliet zou verwachten, hetwelk uit de volgende feiten zeer duidelijk blijkt.

Reeds lang voordat ik te Emlenkamp kwam, was ik ten volle overtuigd, dat er zeer veel in onze Joodsen godsdienst was, waarop naar mijn inzien vrij wat viel aan te merken, en waarmee ik mij ook volstrekt niet verenigen kon.
Zo heb ik nimmer kunnen begrijpen welke deugd er in stak, en hoe het Gode welgevallig kon wezen, dat men na het nuttigen van vleesspijzen twee uur wachten moest alvorens men melk mocht drinken. Wel wist ik, dat de Talmoed voor deze bepaling zich beriep op het Goddelijk gebod, dat geen bokje mocht worden gekookt in de melk zijner moeder, maar ook even duidelijk was het mij, dat dit geheel iets anders is, als twee uur te wachten met het drinken van melk, nadat men vlees had gegeten.
Even onverklaarbaar was het mij, waarom het ontbloten van het hoofd geacht werd zonde te zijn. De reden, die men hiervoor opgaf, namelijk dat er geschreven staat: „In hun inzettingen zult gij niet wandelen", scheen mij niet bondig genoeg toe, aangezien ik oordeelde, dat men iets goeds van zijn naasten wel mocht overnemen, om het even, wie die naasten dan ook waren. En niet anders als goed kon ik het beschouwen, dat men bij het verrichten van Godsdienstige handelingen het hoofd ontblootte; om reden dit bewijs van eerbied zelfs tegenover mensen van gelijke bewegingen als wij zijn, gegeven werd.
Zo kon ik mij ook niet vinden in het verbod om het Nieuwe Testament te lezen; van mening zijnde, dat, indien dat Nieuwe Testament zo slecht was als van Joodse zijde beweerd werd,

het zichzelf dan wel zou weerleggen; en dat indien het inderdaad iets goeds behelsde, wij er dan wel nodig mee op de hoogte moesten wezen. Het is zeer wel mogelijk, dat deze beschouwing alreeds een vrucht was van het in mijn kindse dagen lezen in het Nieuwe Testament.

Ook had ik geen vrede met de voorschriften van de "Schechitah" en "Bedikah" , dit is van het slachten, en onderzoeken van de ingewanden, bij name van de longen der dieren; omdat ik daar weinig of geen grond voor vond in Mozes en de Profeten. Maar wel had de ervaring geleerd, dat het rein en onrein verklaren o zo dikwijls van de willekeur van de geëxamineerde beestensnijder afhing, die niet zelden een dier bij een slager die hij minder genegen was, onrein verklaarde, van hetwelk door andere deskundigen beweerd werd, dat er hoegenaamd niets onreins aan te vinden was; een verschil van opinie, die menige hatelijkheid in het leven geroepen, en tot voortdurende twisten aanleiding gegeven heeft. Het was mij, vooral toen ik later te Emlenkamp zelf in het slagersvak, hetwelk mijn patroon er ook op na hield, bezig was, onmogelijk te geloven, dat het eten van iets zonde voor God was, eenvoudig omdat mensen, die soms door zeer verkeerde hartstochten gedreven werden, er van beliefden te verklaren, dat men het niet eten mocht. Ik achtte het dan ook volstrekt geen zonde te zijn, om iets te eten van een dier, hetwelk niet ceremonieel was geslacht, als het maar niet schadelijk voor de gezondheid was; evenmin als ik er bezwaar in zag om iets van een kalf te gebruiken, voordat het de achtsten dag had bereikt. Immers maar al te dikwijls had ik de proef er van gehad, dat kalveren die pas geboren of een paar dagen oud waren, er veel beter uitzagen, dan dezulken, die een dag of acht schraal voeder hadden ontvangen, tengevolge waarvan het vlees er soms alles behalve aantrekkelijk uitzag.

Hoe ik het dan maakte met de spijswetten, die bepaald door Mozes op Goddelijk bevel waren ingesteld? Daaraan hield ik, voor zover ik weet, mij zo stipt mogelijk, hetwelk ik ten dele toeschrijf aan de stem mijner consciëntie, die aan deze wetten goddelijk gezag toekende; maar ook ten dele aan het vooroordeel, waarmee ook ik bezield was tegen verboden spijzen, en bij name tegen alles wat van een varken kwam.

Al was ik dus ver van godsdienstig, toch wist ik zeer goed onderscheid te maken tussen hetgeen in Gods Woord geschreven stond en wat de Rabbijnen gezegd hadden; dit laatste beschouwde ik altijd als mensenwerk, en als iets dat volstrekt geen bindend gezag heeft. Het was mij dan ook een onuitstaanbaar iets, en een bewijs van verregaande en onverklaarbare aanmatiging, dat de Rabbijnen hebben durven verklaren, zoals in de Talmoed geschreven staat, dat al wie de woorden der wijzen niet gelooft, even zo zwaar zondigt, als loochende hij de vijf boeken van Mozes. Het was mij zo duidelijk als de dag, dat de wijzen zelve deze niet wijze verklaring hebben afgelegd; en dat iemand, die zoiets van zichzelve durft betuigen, door trotsheid verblind is en eenvoudig geen geloof verdient. Ik heb dit dan ook onverholen meermalen uitgesproken, waardoor ik mij menige berisping of bespotting moest laten welgevallen.

Die berisping was vooral hevig wanneer ik er op wees hoe noodzakelijk de Joodse godsdienst moest hervormd worden, gelijk ik eens de stoutheid had, om, toen ik reeds geruime tijd te Emlenkamp was geweest, in een schrijven aan mijn vroegere leermeester, de heer Leers, uiteen te zetten. Daarin wees ik ook wel als in het voorbijgaan op vele van de hierboven genoemde gebreken, maar had vooral het oog op de wijze waarop onze godsdienstoefeningen gehouden werden.

Een enkele keer, vooral op Oudejaarsavond, was ik wel eens in een Protestantse kerk geweest; en wat ik daar hoorde en zag, zie dat trok mij aan. Ik bedoel niet zozeer de inhoud van gebed, prediking of gezang; och neen, voor een groot gedeelte begreep ik dat niet eens; maar ik heb bepaald de wijze van Godsverering op het oog. Want dit begreep ik zeer goed, dat de Leraar die daar stond, de inhoud van de christelijke godsdienst aan het volk trachtte duidelijk te maken; dat hij voor het volk bad; dat een stille eerbied en een aandacht werd opgemerkt, die waarlijk stichtelijk genoemd konden worden.

"Zie", heb ik meermalen gezegd, en aan de heer L. geschreven, „zo moest het ook bij ons zijn. In plaats er van, dat elke Sabbatdag een tweeënvijftigste gedeelte van de vijf boeken van Mozes gelezen, en een heel stel formulieren gebeden wordt, - waarvan door het merendeel der kerkgangers, als de Hebreeuwse taal niet machtig, niets wordt verstaan, - moest de voorganger slechts een paar verzen nemen, en de inhoud daarvan voor het publiek verklaren. Dan zou men met de leer en strekking van wet en profeten en dus met de Israëlitische godsdienst beter bekend worden; men zou met meer graagte ter Synagoge verschijnen, en wat vooral zo noodzakelijk was, de godsdienstoefeningen zouden aan stichtelijkheid niet weinig winnen".

Zoals ik reeds zeide, werden dergelijke opmerkingen mij hoogst kwalijk genomen, hetwelk er volstrekt niet toe bijdroeg om overtuigd te worden, dat ik ongelijk had; integendeel kreeg ik hoe langer hoe meer een open oog voor de gebreken die het tegenwoordige Jodendom aankleefden.

Toch was dit alles meer een zaak des verstands dan wel des harten; anders toch zou het mij meer hebben gedrukt, en zou ik tegelijkertijd de zonde niet hebben kunnen dienen; dit deed ik echter; wel niet geheel en al zonder consciëntiekloppingen, maar toch zonder smart of oprecht

berouw, en vermaakte ik mij even als duizenden van mijn leeftijd in de dingen dezer wereld, gelijk een vis in het water.

Wat anders is het, of de Heere, Die alle dingen werkt naar de raad Zijns willens, langs deze weg niet bezig was de akker te bereiden, ten einde op Zijn tijd het zaad des Woords zou vallen in een wel toebereide aarde. Me dunkt, dit kan niet worden tegengesproken, zoals uit een en ander nog nader zal blijken.

Zo was het onder andere bijzonder mijn lust om met de bewoners van ons dorp, die gelijk gezegd is, alle Protestants of

Rooms Katholiek waren, evenals vroeger bij de voortgang over de godsdienst te spreken en te redetwisten, waarbij dan de onnozelheid en onkunde van sommige belijders der waarheid duidelijk aan het licht kwam.

Zo viel iemand mij eens aan met de bewering, dat de Joden op de eersten, in plaats van op de zevenden dag de Sabbat moesten vieren. Op mijn vraag: waarom dat dan moest, wist hij niets anders te zeggen, als dat het zo behoorde; en toen ik hem wederom vroeg waarom de Christenen dan de eerste en niet de zevende dag rustten, bleef hij mij het antwoord schuldig en moest ik, Jood, de Christen onderwijs geven in de Christelijke religie, en hem vertellen, dat hun Zondagsviering gegrond was op de bewering, dat Christus op dien dag was opgestaan; hetwelk ik toen natuurlijk nog niet geloofde, maar waarvan ik wel wist, dat het door de Christenen geleerd werd.

Een ander bewijs van de voorbereidende werking des Heiligen Geestes meen ik te zien in het feit, dat ik te Emlenkamp niet alleen zeer graag over de godsdienst sprak, maar even graag, indien niet liever, ter kerk ging, waarvoor zich nu en dan de gelegenheid nog al eens aanbood. Nu eens werd er een huwelijk ingezegend, dan predikte eens de kandidaat Groen, zoon van de oudste Hervormde leraar, of de student Beuker, nu onze waarde en geliefde medebroeder in de bediening te Leiden, wiens ouders te Volsel bij Emlenkamp woonden; of bood een andere gelegenheid zich aan, hetzij op een oudejaarsavond of op een vrijdag in de lijdensweken, als wanneer in geheel de graafschap Bentheim zowel bij Oudgereformeerden als Hervormden, des voormiddags gepredikt, werd. Meestal gingen dan een paar kinderen of ging ook mijn patroon zelf wel mee, en spraken we naderhand in de beste harmonie over datgene wat wij gehoord hadden. Dat spreken was natuurlijk altijd zeer oppervlakkig, gelijk ik mij ook niet kan herinneren, dat een of andere prediking, die in de Hervormde kerk trouwens ook altijd lauw was, bijzondere indruk op mij heeft gemaakt; toch ging ik er graag naar toe.

Het scheen alsof er een bijzondere begeerte in mij lag om de samenkomsten der Christenen bij te wonen, al kon ik mijzelf dan ook nog geen rekenschap geven van het "waarom". Opmerkelijk echter is het, dat terwijl bijna ieder zoon van Abraham zulke bijeenkomsten stelselmatig zou gemeden hebben, ik dezelve gaarne bijwoonde. Als ik kon maakte ik er dan ook vrij getrouw gebruik van, hetzij, dat ik te Wilsum moest overnachten, waar de oefenaar Naber gedurig voorging, hetzij dat ik deze broeder of iemand anders te Grote Ringe kon horen.

Ook in Emlenkamp zelf heb ik in de winter van '58 eens een Bijbellezing bijgewoond, die in de openbare school onder leiding van de straks genoemden leraar, Ds. Groon, gehouden werd, waar ik mij geopenbaard heb op een wijze die terecht de aandacht trok en die ik nog niet ten volle kan verklaren.

Behandeld werd Matth. 17:14 e. v., naar aanleiding waarvan de leraar de vraag deed, hoe het toch wel zou komen, dat de discipelen de maanzieke jongeling niet hebben kunnen genezen, terwijl zij naderhand toch zoveel wonderen hebben gedaan. Terwijl niemand der aanwezigen een antwoord gaf nam ik de vrijheid om te zeggen, dat de discipelen nu de Heiligen Geest nog niet ontvangen hadden die eerst op de Pinksterdag op hen uitgestort werd; met welk antwoord de voorganger zeer was ingenomen.

Onwillekeurig vragen mijn lezers of ik toen dan alreeds de historiële waarheid des Nieuwen Verbonds geloofde; hierop kan ik niet anders dan ontkennend antwoorden. Ik verplaatste mij echter in de toestand waarin het Bijbelbesprekend gezelschap zich bevond; sprekende gelijk ik gedaan zoude hebben indien ik werkelijk Christen was.

Evenwel te zeggen, dat dit alles buiten de leiding en werking des Heiligen Geestes omging, durf ik in genen dele doen; te minder daar er in mijn hart iets lag, hetwelk ik zo niet met een enkel woord noemen, maar toch wel omschrijven kan.

Liefde tot God; neen, dat was het niet; want ik diende volop de wereld; trek tot godsdienst is ook nog te sterk gesproken, om reden ik de formuliergebeden die voorgeschreven waren, lang niet alle bad en ik op de Sabbatdag maar wat blij was, als de huisgodsdienst en het daarop gevolgde ontbijt was afgelopen, ten einde mij naar hartenlust te kunnen vermaken. Maar feit is het, dat ik o zo dikwijls buiten in het veld niet alleen sommige kerkelijke gebeden, die mij bijzonder aantrokken, maar ook onderscheidene Psalmen met vrolijk zingende lippen aanhief; waarbij ik dan vaak zo gevoelig was, dat de tranen mij over de wangen biggelden en ik mij voor die ogenblikken waarlijk gelukkig gevoelde, al zou ik van dat gelukkig gevoel zeer waarschijnlijk evenmin voldoende rekenschap hebben kunnen geven als de gronden waarop het steunde, houdbaar waren. Want dat ik nog met hand en tand de wereld diende, blijkt onder andere uit twee feiten.

Vooreerst, dat ik, hoewel ik reeds de volwassen leeftijd bereikt had, even als de kinderen van mijn patroon, nog les in het dansen ontving, waarin ik niet weinig schik had; en ten anderen dat ik een vriend en een metgezel was van de lichtzinnige dragonders, die in de zomer van 1860 te Emlenkamp werden ingekwartierd, zoals zij in andere dorpen ingekwartierd waren geweest. Vrolijk van aard als die mannen waren, en die tevens aardige stukjes konden vertellen, bevond ik mij, zo vaak ik maar kon, in hun tegenwoordigheid en gevoelde ik niet weinig spijt toen de tijd van hun vertrek was aangebroken.

Niet lang hierna - ik was nu 20 jaar geworden - had er wederom een eigenaardig voorval in mijn leven plaats, dat ik hier niet onvermeld mag laten.

Vernomen hebbende, dat er een Bijbelcolporteur in de omgeving was, gevoelde ik zeer sterke begeerte, die man eens te spreken, en deed ik wat ik kon, om hem te ontmoeten.

Voor zover ik kon nagaan vloeide die begeerte eensdeels wel uit nieuwsgierigheid voort, daar ik vast veronderstelde, dat een

Bijbelcolporteur, iemand die geheel het land doortrok, ook wel veel zou hebben te vertellen; dat er echter ook enige belangstelling bij was, zou ik niet durven ontkennen. Belangstelling, niet rechtstreeks in het heil mijner onsterfelijke ziel; maar wel om eens te horen hoe die man, die ik, omdat hij Bijbelcolporteur was, voor bijzonder vroom en verstandig hield, wel over het Christendom dacht.

De begeerte om deze man te ontmoeten was zo sterk, dat ik toen mij verteld was, dat hij te Wilsum zich ophield, mijn handelszaken, waarvan de regeling meestal aan mij werd overgelaten, zo inrichtte, dat ik mij derwaarts kon begeven, met de blijde hoop in mijn hart, hem wel ergens te zullen ontmoeten. Die hoop werd echter niet vervuld, althans niet op dat ogenblik, maar wel enige weken later.

Bij gelegenheid namelijk van het Israëlitisch Nieuwjaar begaf ik mij naar Veldhuizen, om daar de feestdagen door te brengen; aldaar vernam ik tot mijn grote blijdschap, dat de heer Nolte, Colporteur van het Hannoverse Bijbelgenootschap, zich ook aldaar ophield, en bij de heer Naber, onderwijzer, gelogeerd was.

Hoe ik het èn tegenover mijn broeders naar het vlees, èn tegenover de mij geheel en al onbekende christenen heb durven wagen weet ik nog niet, maar ik verstoutte mij en ging naar de heer Naber heen, die mij zeer vriendelijk ontving en mij dadelijk met de heer Nolte in kennis stelde.

Al zeer spoedig kwam het gesprek op de Bijbel, welks voortreffelijkheid hij mij voorstelde, en tevens mededeelde, dat dezelve in bijna alle landen, zelfs door de blindste volken gelezen werd, en dientengevolge in zeer veel talen overgezet was.

Deze mededeling lokte bij mij de vraag uit, of het Nieuwe Testament dan ook in de Hebreeuwse taal verkrijgbaar was. Deze vraag toestemmend beantwoord zijnde, verzocht ik hem mij een exemplaar te verkopen; terwijl er echter geen een meer voorhanden was, beloofde de heer Nolte mij er een te zullen laten toekomen om het te Emlenkamp mij ter hand te stellen; waarmee dit gesprek was afgelopen, en ik mij weer naar mijn gastheer begaf, die met mijn bezoek bij dien Bijbelcolporteur volstrekt niet was ingenomen. Ik echter verontschuldigde mij met de bewering, dat enkel nieuwsgierigheid en volstrekt geen neiging tot het Christendom mij tot hem gedreven had.

Nu was er ook inderdaad geen bepaalde begeerte in mij om aan het Christendom mij nauwer te verbinden; ook geloof ik vast, dat ik toen voor geen geld ter wereld Christen zou hebben willen worden. Maar, zoals boven gezegd, er was wel iets in me, dat graag over het Christendom wilde spreken en horen spreken; een 'iets' hetwelk, van achteren beschouwd, gerekend moet worden te behoren tot de toebereiding van de aarde, waarin niet vele maanden na deze, het zaad der wedergeboorte zou vallen.

Dat nu de komst van de heer Nolte te Emlenkamp mij zeer verblijdde, ligt in de aard der zaak en niet minder, dat ik zo spoedig mogelijk tot hem kwam om het Hebreeuwse Nieuwe Testament in ontvangst te nemen. Terwijl hij mij dat overhandigde, vroeg hij mij naar de reden waarom ik toch een Nieuw Testament kocht; waarop ik ronduit te kennen gaf, dat ik dit enkel uit nieuwsgierigheid deed en graag eens wilde weten hoe die Nieuw Testamentische namen en gezegden er wel in Hebreeuws gewaad uitzagen. De heer Nolte liet het hier echter niet bij, maar drukte als een trouw Bijbelverspreider mij de waarheid, in die Bijbel vervat, op het hart, onder andere zeggende: „Och, geliefde vriend! Geloof mij vrij, Jezus van Nazareth is de ware Messias, Die komen moest; geloof in Hem, dan zult gij zalig worden; maar anders ook niet".

Hier had ik echter veel tegen in te brengen; onder andere dat Jezus onmogelijk Gods Zoon kon wezen, zoals door de Christenen beweerd wordt, aangezien Hij op natuurlijke wijze, even als ieder mens geboren was. Wel voerde de heer Nolte hier tegenin, dat de Messias wel Gods Zoon was en noodzakelijk wezen moest, om voor de zonde te kunnen voldoen; ik echter kon dat onmogelijk geloven, waarom ik met dezelfde gevoelens weer heenging, als waarmee ik gekomen was.

Omdat ik echter geloofde, dat genoemde Colporteur iemand was, die in oprechtheid des harten voor zijn beginsel uitkwam, gevoelde ik mij tot hem aangetrokken, waarom ik hem onderscheidene malen in zijn logement opzocht, waarbij dan altijd over God en goddelijke zaken gesproken werd. Wel was er nog geen behoefte aan waarheid in mij te bespeuren, maar wel dorst naar kennis; terwijl toch ook het blinde vooroordeel tegen de Christus des Heeren, hetwelk de vleselijke zoon van Abraham zo eigen is, thans geheel en al op de achtergrond stond. Ik gevoelde mij bepaald op mijn gemak, wanneer ik met de heer Nolte over een en ander sprak; zo op mijn gemak, dat ik zeker geloof, dat, indien er toen Dragonders in Emlenkamp waren geweest, ik hun gezelschap niet zou hebben gezocht, evenmin, als dat ik toentertijd een danspartij zou verkozen hebben boven het discussiëren met mijn Bijbelvriend uit Lingen.

Nadat hij enige dagen te Emlenkamp had vertoefd, trof ik hem op zekere dag bij iemand aan, ten wiens huize wij weer druk aan het spreken raakten; bij welke gelegenheid hij mij trachtte duidelijk te maken, dat Christus waarachtig God was en is. Hier kwam ik tegen op door te wijzen op Exod. 33:20, waar de Heere getuigt: „Mij zal geen mens zien en leven". Indien nu, zo redeneerde ik verder, Christus God zou zijn, dan zou Hij wel zijn gezien, en zou de Heere tegen Zijn eigen Woord strijden.

Nadat we over en weer op de meest vriendschappelijke wijze nog wat samen gesproken hadden, ging ik heen, na hem op zijn uitnodiging te hebben beloofd, hem nog eens weer in zijn logement op te zullen zoeken.

Terwijl ik dit inderdaad gaarne deed, ging ik vrijdagavond naar hem toe; toen ik onder andere het genoegen mocht smaken het begeerde Hebreeuws Nieuwe Testament te mogen ontvangen.

Dat boekske trok me bepaald aan, zodat ik er werkelijk blij mee was; het was mij, alsof de inhoud des Nieuwen Testaments mij nu geloofwaardiger voorkwam dan vroeger. Het was geen inbeelding maar werkelijkheid, dat ik veel liever het Hebreeuwse "Jeschugnang", dan het Griekse "Jezus", veel liever het Hebreeuwse "Pagnul", dan het Griekse „Paulus" las.

Om nu echter de juistheid der Hebreeuwse vertaling goed te kunnen nagaan, kocht ik er een Duitsch Testamentje bij, teneinde het een met het ander te kunnen vergelijken, hetwelk meer uit nieuwsgierigheid dan wel uit belangstelling kwam; al is het niet te miskennen, dat langs die weg de akker van mijn hart langzamerhand toebereid werd. Dat dit zeer de aandacht van onze Colporteur trok, laat zich zeer gemakkelijk denken; waardoor hij bepaald de gedachte uitte, dat ik uit begeerte naar waarheid twee Nieuwe Testamenten kocht. Dit spoorde hem aan om bij vernieuwing op de voortreffelijkheid en beminnelijkheid van Koning Jezus te wijzen, hetwelk mij evenwel, wat althans de grote zaak betreft, niet nader bracht; ik beweerde veeleer, dat ik in mijn eigen geloof zeer goed zalig worden kon, en dat ik derhalve Christus onmogelijk als Zaligmaker, als de Messias kon erkennen.

Toch gaf deze trouwe dienaar des Heeren het nog niet op, maar ziende, dat ik voor de waarheid in Christus niet bukken wilde, gaf hij mij ten slotte de raad om God te bidden, dat Die mij de rechte weg tonen en op het pad des levens brengen wilde. Terwijl ik echter veronderstelde op de rechte weg te zijn, kon ik er eerst niet toe komen hem te beloven de gegeven raad op te volgen; daar hij echter sterk aanhield, beloofde ik eindelijk God te zullen bidden, dat Hij mij de rechte weg ten leven wilde aantonen, het niet meer kunnende ontkennen, dat het toch wel mogelijk was, dat ik op een dwaalweg mij bevond.

Om nu mijn gegeven woord niet te schenden, bad ik elke avond, meestal na het gewone nachtgebed, het 17de vers uit de 3lste Psalm: „Laat Uw aangezicht over Uwen knecht lichten; verlos mij door Uwe goedertierenheid".

Dat deze bede niet zozeer uit gevoel van behoefte kwam, als wel uit het bewustzijn, dat ik geroepen was mijn belofte te volbrengen, spreekt wel vanzelf; tevens dacht ik er bij, dat het een geringe moeite was, en dat het, als het ook al nergens goed voor was, toch ook in elk geval geen kwaad kon.

Deze goede gedachte bleek echter weldra een morgenwolk te zijn geweest en een vroeg komende dauw; want niet zo heel lang duurde het of ik beschouwde het als dwaasheid nog langer zo te blijven bidden, aangezien ik immers niet twijfelde of ik was op de rechte weg, en ik dientengevolge ook op geen andere begeerde te wandelen.

Voor zover bij het lezen en vergelijken van het ene Nieuwe Testament met het andere al een ogenblik twijfel bij mij is gerezen, was die nu geheel weer verdwenen.

En hiermee was, weliswaar, de heer Nolte niet geheel vergeten, toch was het in niets te merken, dat zijn gesprekken enige invloed op mij hadden, terwijl de beide Testamentjes, waarin ik eerst nog al vrij trouw had gelezen, nu even trouw in mijn koffer weggesloten bleven.

Ik leefde, evenals immer, vrolijk en lustig en bekommerde mij om de dingen der eeuwigheid niet het minst, maar zocht in hetgeen de wereld verlokkendst belooft, mijn lust en vermaak.

Dit kwam onder andere nog zeer duidelijk uit in het begin van Januari 1861, toen ik bij gelegenheid van moeders verjaardag naar Hardenberg ging, alwaar ik met tal van jongelieden aldaar, mij niet weinig vermaakte in de dingen die vlees en bloed strelen. Wel verzocht moeder mij omdat ik niet zo heel vaak haar kon bezoeken, haar gezelschap te blijven houden; de verzoeking was echter te sterk voor mij, zodat ik het ijdel genot met mijn wereldsgezinde vrienden verre verkoos boven de tegenwoordigheid mijner 61-jarige moeder. Dit heeft me naderhand erg berouwd, ja tot op dit ogenblik toe kan ik er niet anders dan met diepe smart aan denken. Met diepe smart; niet alleen omdat ik daarmee het zo vriendelijk en billijk verzoek van mijn geliefde en onvergetelijke moeder in de

wind sloeg, en haar vermaning om mij toch aan de ijdelheid niet over te geven, verachtte, maar vooral omdat het de laatste verjaardag van haar was die we hebben kunnen vieren aangezien zij de 4^e mei van datzelfde jaar het tijdelijke met het eeuwige heeft verwisseld. Maar zo gaat het op de weg der zonde; het berouw komt veelal te laat en menigmaal wordt iets bedorven, hetwelk nimmer weer goed kan worden gemaakt. O, wat zou ik niet willen geven, indien ik deze zonden voor haar, die mij onder haar hart gedragen en zo innig lief gehad heeft, kon belijden; met hete tranen zou ik het willen doen, haar innig om vergeving willen smeken, en zo veel in mij is gaarne haren oude dag willende helpen vergemakkelijken. Maar neen, dit voorrecht is mij niet gegund; en rechtvaardiglijk is het ook, want ik heb het geenszins verdiend, omdat ik de laatste vermaning, gelijk zoveel waarschuwingen in vroeger jaren, ener teder liefhebbende en zorgdragende moeder moedwillig heb verworpen. Een Christin was moeder wel niet, maar braaf was zij wel; en niets liever zou zij hebben gezien, dan dat al haar kinderen een Joods-vroom en voorbeeldig leven hadden geleid. Streng Joods was er echter geen één; en gelijk bijna alle natuurlijke mensen, vooral op jeugdige leeftijd, in alles wat de zinnen kan strelen, hun grootste vermaak vinden, zo konden ook wij allen behoorlijk goed meedoen en werden we zelfs in vrolijke gezelschappen heel graag gezien.
God Almachtig zag echter op de jongste van het zevental in ontferming en genade neder; hield hem staande op de weg; zocht in Zijn eeuwige liefde hem op, om hem te ontdekken aan zichzelf, om de Christus Gods als de Messias van Israël aan hem bekend te maken, en hem te leren verstaan , dat God in de hemel gevonden wordt van degenen, die niet naar Hem vragen, gevonden wordt van degenen, die niet naar Hem zoeken.

DE SCHRIJVER ALS JONGELING.

HUIS VAN DEN HEER DENNEBOOM.

4. Des Heeren tijd

Heilig zijn o God Uw wegen, zal graag door een ieder worden betuigd, die met zichzelf is bekend geworden, en door de nood gedreven tot Jakobs God om hulp zich begeven heeft; want een ieder zal zich moeten verwonderen hoe middelen en wegen samen hebben moeten lopen, om het welbehagen des Heeren in hem openbaar te doen worden; en hoe het van achteren blijkt, dat, hoewel het onze zaak was om op de roepstemmen des Heeren acht te geven, het aan de andere zijde des Heeren tijd bleek te zijn, juist toen Hij zeide: tot hiertoe en niet verder; toen Hij door Zijn Heiligen Geest krachtdadig begon te werken.

Ook ik moet dat woord uit de 77ste Psalm van ganser harte beamen, én als ik let op de weg, waarlangs Jehova God mij tot dusver heeft geleid, én nog meer als ik naga hoe Hij van dit ogenblik af Zijn wonderen aan mij groot gemaakt heeft.

Toen ik op zekere avond in het begin van Februari 1861 geen boodschap moest verrichten voor mijn patroon, ging ik even bij de dagloner B. J. Reinink aan, waar ik voor mezelf even moest wezen, en waar ik de landbouwer H. Jakobs, bijgenaamd Vos Hendrik aantrof.

Nog niet lang was ik gezeten, toen deze vriend, die lid van de Afgescheidene, of liever gezegd van de Oud Gereformeerde gemeente te Emlenkamp was, mij de zeer belangrijke en tevens zeer eigenaardige vraag deed, of ik nog goed Jood kon blijven.

Over deze vraag niet weinig verwonderd, deed ik hem een wedervraag, namelijk waarom ik niet goed Jood zou kunnen blijven, welke vraag hij beantwoordde met er op te wijzen hoe de Israëlitische godsdienst gans en al vervallen was, en de Joden in hunne verwachting om naar Kanaän te gaan, zeker teleurgesteld zouden worden; hij daarentegen hoopte eenmaal in Kanaän te komen; echter niet in het Kanaän hier beneden, maar in het land der ruste daarboven.

Dit klonk mij al heel vreemd in de oren, bewerende, gelijk trouwens door tal van zogenaamde Christenen beweerd wordt, dat dit niemand in dit leven zeggen kan. Jakobs daarentegen hield natuurlijk zijn gezegde vol, terwijl hij er bijvoegde dat iemand, die waarachtig tot God was bekeerd, wel terdege aan deze zijde van het graf zeggen kon, dat hij naar de Hemel ging.

Nu was het pleit, zo ik meende, door mij gewonnen, want waarachtig bekeerd was ik immers ook, gelijk de meeste Israëlieten op de Grote Verzoendag bekeerd worden. Op dien dag toch wordt er gevast en gebeden, en doet God, naar Zijn eigen Woord, verzoening over onze overtredingen, zodat ik elk jaar op de Groten Verzoendag bekeerd werd.

Maar neen; die bekering achtte Jakobs niet voldoende; ik moest zo bekeerd worden, dat ik vertellen kon wat God aan mijn ziel gedaan had.

Ook hierop zou ik, zoals ik meende, dien Afgescheiden boer wel dienen; uitermate best kon ik vertellen wat God aan mijn ziel gedaan had; immers gaf Hij mij voedsel, deksel, kleding en wat niet al. En of nu mijn tegenpartij al beweerde, dat dit weldaden naar het lichaam waren, ik liet mij niet zo spoedig uit het veld slaan, zeggende, dat ziel en lichaam nauw aan elkander verbonden waren, zodat als God ons iets aan het lichaam doet, de ziel daar evenzeer van geniet. Hoe zot, hoe vreemd geredeneerd, niet waar? Verwonderen kan ons dit evenwel niet; want hoevelen die in de Naam des Heeren gedoopt zijn zouden niet evenzo redeneren. Geen wonder; want de Schrift zegt, dat een natuurlijk mens niet begrijpt de dingen die des Geestes Gods zijn; hij kan ze niet verstaan, omdat ze geestelijk onderscheiden worden.

Dit begreep ook de belangstellende vrager, die er mij nu op wees, dat het zielenwerk geheel iets anders is, dan ik vermoedde; waardoor mij het verzoek ontlokt werd om, als hij dan zo goed wist, waar dat zielenwerk in bestond, mij daarvan dan eens iets te vertellen. Hiertoe was hij ten volle bereid; om reden dit echter niet in een ogenblik kon geschieden, zou het beter zijn, meende hij, dat ik hem eens een avond aan zijn huis kwam bezoeken.

Hier had ik werkelijk wel zin in, volstrekt nog niet uit belangstelling, maar om eens een zielsgeschiedenis te horen. Ik had nog zo al het een en het ander gelezen; maar nog nimmer was mij een zielsgeschiedenis onder de ogen gekomen; waarom ik dadelijk de belofte gaf om eens op een vrijdagavond bij hem te komen, terwijl ik hem op zijn verzoek de belofte gaf dat ik er niet mee zou spotten; hetwelk ook in genen dele mijn bedoeling was, hoewel er van heilbegeerte evenmin nog sprake kon wezen. Toch gevoelde ik bepaald een verlangen om iets meer van die zaken te vernemen, en was ik blij toen het vrijdagavond was, de avond, waarop ik ongestoord bij Jakobs kon vertoeven. Immers dan was de Sabbat aangebroken, die ik geheel en al naar eigen welgevallen kon gebruiken; indien ik maar zorgde, dat ik met etenstijd thuis was, werd mij verder de meest mogelijke vrijheid gelaten.

Natuurlijk wilde ik het geen woord hebben, dat ik naar een Afgescheiden man ging om over godsdienstige zaken te spreken, terwijl ik vreesde dat mij dit door mijn huisgenoten kwalijk genomen zou worden.

Waarom toch die vreze, terwijl ik vroeger meermalen onbeschroomd en zelfs wel met leden van het huisgezin naar Christelijke kerken ben geweest en het ook wel bekend was, dat ik meer dan eens met onderscheidene bewoners van ons dorp over de godsdienst geredetwist had?

Deze vraag kan ik moeilijk op voldoende wijze beantwoorden; maar er wel op wijzen, dat ik mijn bezoek bij Jakobs liefst voor mijn huisgenoten geheim wilde houden. Kwam het misschien hier vandaan, dat er nu reeds andere, zij het dan ook grotendeels nog verborgene, drijfveren bij mij aanwezig waren dan vroeger? Misschien wel; hoewel ik in deze niet durf beslissen; dit behoeft trouwens ook niet; te wijzen op het feit en het aan de beoordeling van de nadenkende lezer over te laten, is genoeg.

Omdat ik echter mijn voorgenomen bezoek niet openbaar wilde hebben, moest ik er voor die avond afzien, om reden de zoon van mijn patroon, Karel Denneboom, mij bij het verlaten van het huis vergezelde, en wij samen de straat opwandelden, zonder natuurlijk over het voorgenomen plan ook maar een enkel woord te spreken.

Een week later echter ging het beter, toen ik zonder enige belemmering mijn doel bereikte, en met grote blijdschap door Jakobs ontvangen werd. Omdat ik in de loop der week ook met zijn buurman H. Warsen over de dingen der eeuwigheid gesproken had, werd deze geroepen om deelgenoot van ons samenzijn te wezen.

Deze vriend had evenals Jakobs mij op de noodzakelijkheid gewezen om door Christus te worden gezaligd, hetwelk natuurlijk ook tegenover hem door mij werd bestreden, zeggende, dat wanneer ik eerlijk en braaf leefde, mijn plichten als mens waarnam, en God in geest en waarheid aanbad, ik dan genoeg deed, en er dientengevolge ook geen ogenblik aan twijfelde, of ik zou wel een gelukkig sterven hebben.

Warsen wees mij echter zeer ter snede op de onvolmaaktheid der goede werken, en op de onmogelijkheid om God in geest en waarheid te aanbidden.

Het eerste gaf ik onvoorwaardelijk toe, maar stelde er in ene adem Gods barmhartigheid tegenover, zoals dat allicht door natuurlijke mensen wordt gedaan. Die barmhartigheid, meende ik, zal gaarne het gebrekkige van ons werk voorbijzien, terwijl ik er niet het minst aan dacht, dat de rechtvaardigheid des Heeren evenzeer moet worden gehandhaafd als Zijn andere deugden.

Wat echter het aanbidden van God betreft, kon ik onmogelijk toestemmen, dat dit niet door ons in geest en waarheid zou kunnen geschieden; want vastelijk meende ik, dat iemand die aandacht bij zijn gebed had, zoals echt vrome Israëlieten, die onder hun bidden aan hoegenaamd niets zich stoorden, God wel in geest en waarheid kon aanbidden.

Warsen, die mij langs praktische weg wilde overtuigen gaf mij de raad, het dan eens te beproeven, iets waarin ik, mij zeer goed vinden kon, geen ogenblik twijfelende of ik zou deze slag triomfantelijk winnen. En jawel, de proef werd inderdaad genomen; zodra ik thuis gekomen was, en mijn avondgebed - wel te verstaan, volgens de Joodse ritus - verrichtte, gaf ik nauwkeurig acht op de gesteldheid van mijn gemoed en op de wijze waarop ik het gebed uitsprak; maar och arme! nog nimmer meende ik, had ik zo slecht gebeden; het was alsof ieder woord mij op de lippen bestierf, terwijl ik allerlei zondige gedachten in mij voelde opkomen. Of ik nu wilde of niet, ik moest wel bekennen, dat Warsen gelijk had, hetwelk ik ook ridderlijk tegen hem heb gezegd, zonder dat het evenwel direct iets anders op mij uitwerkte.

Gemakkelijk laat het zich nu echter begrijpen, dat deze vriend graag in ons midden wilde wezen, bij gelegenheid dat Jakobs vertellen zou, wat God aan zijn ziel gedaan had; en dat hij ook zijn broeder, dien hij meegenomen had, even graag er deelgenoot van wilde doen zijn.

Nadat wij ons gezellig om het vuur geschaard hadden, stelde Jakobs voor om eerst het aangezicht des Heeren te zoeken, hetwelk ik wel niet tegenspreken durfde, maar waarmee ik toch ook lang niet ingenomen was; want ik was niet begerig om zo heel lang te blijven, en ik was ook wel gekomen om een vertelling, maar niet om een "Cocksiaans" gebed te horen. Ik moest er echter in berusten, en kon dit ook tamelijk goed doen, toen ik bepaald werd bij de gedachte, dat die bidder toch in alles de hulp des Heeren inriep, en dus van God alleen alle heil en zaligheid verwachtte. Ook mij droeg hij op aan de troon der genade, en bad, dat de Heere mij, de zoon van Abraham naar het vlees, in een zoon Abrahams naar de geest mocht veranderen; en dat in het algemeen de bekering onder Israël in ruime mate mocht worden aanschouwd.

Op mijn vraag of hij nu voor Israël gebeden had, omdat ik tegenwoordig was, antwoordde hij ontkennend, er bijvoegende, dat hij gedurig het oude volk van God in zijn gebeden gedacht.

Hierop begon hij te vertellen hoe hij in vroeger jaren de zonde en ijdelheid had gediend, maar door Gods ontfermende genade staande gehouden was en lust had gekregen om de Heere te dienen. Vrij uitvoerig verhaalde hij zijn bekeringsweg, waarin dingen voorkwamen, die mij al heel wonderlijk in de oren klonken. Zo vertelde hij onder andere dat hem op zekere dag eensklaps de schellen van de ogen waren gevallen, en dat hij toen dingen gezien had waarvoor hij vroeger blind was geweest. "Wat". dacht ik, "schellen van de ogen gevallen! Neen, dat was nu gans en al onwaar". Wel wilde ik geloven dat zijn ogen beter waren geworden, hoewel ze nog al wat zwak waren; maar dat die genezen waren door het eenvoudig aanwenden van een of ander soort schillen; neen, dat wilde er onmogelijk bij mij in, maar ik beschouwde dit althans eenvoudig als inbeelding of wijsmakerij. Ware ik nu maar zo vrijmoedig geweest om mijn bevreemding te kennen te geven, dan zou datgene wat mij een raadsel scheen, weldra opgelost zijn geworden; althans ik zou begrepen hebben, dat ik dit op oneigenlijke manier moest verstaan, als iets dat niet op lichamelijke ogen, maar op de werking des Heiligen Geestes in de ziel zag.

Het geheel was mij overigens niet zo slecht bevallen; ja, de avond was om eer ik er aan dacht. Omdat het inmiddels 10 uur was geworden, en ik niet graag later thuis wilde komen, werd H. Warnsen verzocht met dankzegging te sluiten, waarna ik mij huiswaarts begaf.

Omdat ik bijna elke vrijdagavond, gelijk ook wel andere leden van het gezin, hier en daar eens een bezoek aflegde, en ik op tijd thuis was, baarde mijn thuiskomst niet het minste opzien, evenmin als mijn afwezigheid bijzonder de aandacht getrokken had, zodat ik mij hoegenaamd over niets had te verantwoorden. Na te denken had ik echter zoveel te meer;

want ik had nu dingen gehoord, die mij te voren vreemd waren, en die mij als een wonder in de oren klonken. En ik dacht er over na; ik kon het denken er over niet nalaten, of ik wilde of niet.

"Allemaal leugen", riep als het ware soms een stomme mij toe; "wat meent ge, dat die man dat alles zou ondervonden heeft, gelijk hij u heeft verhaald? Geloof er niets van; verzinsels zijn het, anders niet, om u maar tot het Christendom over te halen".

Maar neen; die pijl drong niet zo heel diep in mijn hart; "want", dacht ik weer heel spoedig, die "Afgescheidenen willen vroom en fijn wezen, en dan een gehele avond zitten te liegen, is toch wel wat kras; iets dat ze zeker niet durven bestaan". Bovendien scheen het mij een onmogelijke zaak voor een ongeletterd mens, voor een eenvoudig landman, om geheel een verhaal te kunnen verzinnen; hiertoe behoorde naar mijn bescheiden mening nog al enige bekwaamheid, die ik wel veronderstellen kon bij een geleerd mens, maar niet bij een man als Jakobs; zodat ik eindelijk niet anders besluiten kon, dan dat het verhaalde, hoe onbegrijpelijk het mij ook toescheen, toch wel waarheid moest zijn.

Het was mij dan ook niet veel uit de gedachte, maar gedurig peinsde ik er over, en gevoelde ik begeerte, om er nog meer van te vernemen. Geen wonder; God was mij te sterk geworden, daar Zijn pijl mijn hart gewond had, al moest deze nog veel dieper doordringen. Recht rustig was ik evenwel niet meer; hetwelk onder andere hierin openbaar werd, dat ik reeds de volgende week weer naar Jakobs heenging met het sterk verlangen, om wederom iets te mogen horen van hetgeen hij mij 's vrijdagsavonds had verteld.

Of ik er dan nu, op een gewonen werkdag, en zonder opzien te baren, kon heengaan? Betrekkelijk ja; want op zekere dag van een dorp aan de overzijde der Vecht huiswaarts kerende, leidde mijn weg mij langs zijn huis, en omdat ik om handelszaken bij bijna al de inwoners van het dorp wel kwam, liep het volstrekt niet in het oog, dat ik nu bij gezegden landbouwer inliep; een omstandigheid, die mij naderhand menigmaal de gelegenheid verschafte om ongehinderd bij het vrome volk te komen, en die mij vaak aanleiding gaf, om, als ik gewaar werd, dat op een of andere plaats een Bijbeloefening of lijkrede gehouden werd, mijn zaken dan zo te regelen, dat ook ik daar tegenwoordig kon zijn.

Toen ik alzo zeer spoedig weer een bezoek bij Jakobs aflegde, trof ik daar den leraar der Oudgereformeerde gemeente, Ds. J. Moolhuizen aan, die een ziekenbezoek aflegde bij Jakbobs zijn vader en na over de toestand van het lichaam gesproken hebbende, onderzoek deed naar de verhouding van de kranke tot de Heiland. Toen op de vraag aan de patiënt, of hij de Heere Jezus nog gelovig als zijn Borg en Zaligmaker mocht omhelzen, bevestigend werd geantwoord, gaf ik daarover mijn bevreemding te kennen, en kwam er rond voor uit, dat ik mij niet begrijpen kon, hoe iemand dit zo vrijmoedig durfde zeggen; alsook dat het mij een ongelooflijke zaak was om Jezus van Nazareth als de Messias te erkennen. Ds. Moolhuizen nam nu daaruit aanleiding om, evenals ook Jakobs en Warsen hadden gedaan, mij duidelijk te maken, dat geen andere Messias, dan juist de Heere Jezus, kon worden verwacht. Vooral vestigde zijn eerwaarde de aandacht er op, hoe alle ceremoniën en offeranden op die Jezus wezen, aangezien het onmogelijk was, dat het bloed van stieren en bokken de zonde wegnemen kon. Al dat bloed zag uitsluitend op het bloed van het Lam Gods, hetwelk eens zou worden geplengd. Dat Lam was tevens de ware Hogepriester, die naar de ordening van Melchizedek, en niet naar de ordening van Aäron, het tegenbeeldige Heiligdom zou ingaan. Hier kwam ik echter tegenop, zeggende, dat van geheel die verklaring, welke Dominee gegeven had, niets in de Bijbel stond; daar had God alleen, zeide ik, de offeranden bevolen, en op het brengen van derzelve verzoening beloofd, zonder enige aanwijzing, dat zij op iets of iemand anders zagen. Kortom, wij konden het lang niet eens met elkander worden, hoewel wij op zeer vriendschappelijke toon samen hadden gesproken, en het gesprek zelfs een aangename indruk op mij had gemaakt. Die indruk was zelfs zo sterk, dat ik geen geringe begeerte gevoelde om verder met Ds. Moolhuizen te spreken, en hem heel graag eens had willen bezoeken, indien ik maar vrijmoedigheid hiertoe had gevoeld. Toen ik hierover met Jakobs, die mij uitliet, sprak, werd ik door hem zeer aangemoedigd om mijn begeerte te volbrengen; ook beloofde hij mij Dominee van mijn voornemen te verwittigen en zeide mij dat ik er gerust op rekenen kon, dat ik ten volle welkom zou zijn; tevens voegde hij er bij, dat, ingeval zijn eerwaarde mij niet zou kunnen ontvangen, ik het dan wel op een of andere manier zou te weten komen; waarop ik bepaald de toezegging gaf, om, indien ik kon, dan vrijdagavond te zullen komen.

Indien ik kon; want zeer goed begreep ik, dat dit zo heel gemakkelijk niet ging. Wel, indien ik voor aller oog bij de leraar der Afgescheidene gemeente had durven ingaan, maar ieder begrijpt, dat ik dit in de verste verte niet durfde wagen. O, ja bijna elke week kwam ik er aan de deur; maar alleen om te vragen, of er ook iets van de slager nodig was, of om het bestelde te bezorgen; nu was het echter geheel iets anders. Nu zou het op een vrijdagavond wezen; dus op een uur nadat de Sabbat reeds begonnen was, en ik dientengevolge bij Ds. Moolhuizen hoegenaamd geen boodschap had; wat zou ik zeggen, waarmee zou ik mij verantwoorden, indien mij eens iemand ontdekte. Zie, met deze en dergelijke vragen tobde ik de ganse week en zag al bitter weinig kans om het voorgenomen plan ten uitvoer te leggen.

Onwillekeurig rijst hier de vraag, waarom ik meer bezwaar zag om naar Ds. Moolhuizen dan vroeger om naar Jakobs te gaan. Om de eenvoudige reden, dat laatstgenoemde aan het eind van het dorp op tamelijk verre afstand van ons huis woonde. Ds. Moolhuizen daarentegen was slechts door één huis en een straat van ons gescheiden, zodat ik, al maakte ik ook een omweg, toch altijd weer in de nabijheid van ons eigen huis terecht moest komen, om de woning van de Dominee te betreden. Terwijl de vele kinderen nu gedurig in- en uitliepen, of in de buurt aan het spelen waren, laat het zich zeer goed verklaren, dat ik, die mijn bezoek bij genoemden leraar volstrekt geen woord wilde hebben, wel reden had om de eestkomende vrijdagavond met vreze tegemoet te zien.

Maar zie! Waar wij verlegen zijn, daar weet God raad; en Hij, Die door middel der raven aan Elia spijze beschikte, en door middel van een Heidense Kores Zijn heiligen tempel deed herbouwen, gaf ook nu uitkomst van een zijde vanwaar men die het allerminst zou hebben verwacht. Mijn patroon zelf zond mij er heen.

Vreemd, niet waar? Toch is het zo; maar is dan de Heere wel iets te wonderlijk? En och, het ging zo geheel natuurlijk, men zou zeggen, zo geheel als vanzelf.

Wij lazen namelijk 'Het Handelsblad' met een gezelschap, waartoe ook Ds. Moolhuizen behoorde, die het van ons moest ontvangen. Toen nu des avonds de maaltijd geëindigd was en mijn patroon genoemd blad gelezen had, droeg hij mij op om hetzelve naar de Dominee te brengen; hetwelk nog nimmer te voren geschied was, aangezien deze boodschap bijna altijd door een der kinderen werd verricht. Maar hieruit kunnen we weer zien, dat God regeert, dat Hij alle harten in Zijn hand heeft, en dat alle middelen Hem ten dienste staan. Van dat alles besefte ik toen natuurlijk niet het minst, maar was enkel blij, dat het zo eigenaardig trof, en zo belde ik met een wel ietwat vreemd gevoel bij de Dominee aan.

Nog maar even had ik gestaan, toen Geziena, de godzalige dienstmaagd, die mij naderhand zo menigmaal tot licht en tot troost is geweest en nu reeds sinds vele jaren juicht voor de troon, de deur opendeed, en mij vriendelijk uitnodigde binnen te gaan, waar ik door de leraar en diens godvruchtige vrouw, die nu ook reeds het loon der getrouwheid geniet, even vriendelijk ontvangen werd.

O, hoe levendig staat mij die ure nog voor de geest, hoe duidelijk kan ik mij alles nog voorstellen! Geen wonder! Ik, zoon van Abraham, bij de leraar der Oudgereformeerde gemeente, om over de Messias te spreken. Dat spreken nam al zeer spoedig een aanvang, waarbij Ds. Moolhuizen onderscheidene Messiaanse teksten aanhaalde, zoals Gen. 3:15; 49:10; Deut. 18:15; Jesaja 7:14; 9:5 en meer andere, die zijn eerwaarde alle op de Heere Jezus toepaste. Hiertegen bracht ik mijn bedenkingen in; gevoelde echter tegelijkertijd, dat die lang zo houdbaar niet waren als de redenering van Dominee mij scheen te zijn; zonder nog bepaald te durven zeggen, dat zijn eerwaarde gelijk had; daartoe was mijn verstand nog niet genoeg opgeklaard, en kon het nog lang niet onderscheiden wat waarheid of leugen was; alleen gevoelde ik, dat de Christen-leraar bondiger en degelijker redeneerde dan ik het ooit van de leraars in Israël had gehoord of geleerd.

Met groot genoegen had ik dan ook die avond doorgebracht, en de meest aangename indruk van het christelijk gezin, in welks midden ik vertoefd had, ontvangen. Die indruk werd nog versterkt toen Dominee mij bij het heengaan uitnodigde, om de aanstaanden zondagavond terug te komen; alsdan kwamen er onderscheidene vrienden in zijn huis samen, die elkander vertelden wat de Heere aan hun ziele gedaan had.

"Ja Dominee", gaf ik ten antwoord, "over dat zielenwerk heeft Jakobs ook al met me gesproken, daar begrijp ik echter niets van, en weet derhalve niet, waarom ik zulk een gezelschap zou bijwonen. Bovendien zal ik ook niet kunnen, om reden ik mijn patroon elke zondagavond in het kantoorwerk moet bijstaan, zodat ik aan uw vriendelijke uitnodiging wel geen gevolg zal kunnen geven".

Wat het "niet begrijpen" betreft, zo maakte Dominee de opmerking, dit was volstrekt geen bezwaar; mijn tegenwoordigheid zou een middel in des Heeren hand kunnen zijn, dat ik het nog eens leerde begrijpen; terwijl ik, wat de bezigheden aangaat, maar eens moest zien hoe de zaken liepen;

kon ik komen, dan zou ik zeer welkom zijn, werd ik verhinderd, dan was het even goed; en zo ging ik heen met de
begeerte om, indien het mogelijk was, dan des zondagsavonds
terug te keren.

Maar dit was immers niet mogelijk, aangezien geheel de winter
door, en vooral nu, zo kort na nieuwjaar, menige avond, en
bepaald die van de zondag, op welke het vanzelf minder druk
in de winkel was, bestemd was, om de boeken na te zien en
rekeningen uit te schrijven. Zo weinig dacht ik dan ook aan de
vervulling mijner begeerte, dat ik 's avonds om een uur of
vijf, als naar gewoonte, de boeken te voorschijn haalde, om
met de arbeid te beginnen.

Maar zie, ook nu was het wederom de Heere, Die op het
onverwachts de wegen baande, en Die wederom mijn patroon
gebruikte, om mijn begeerte ten uitvoer te kunnen brengen.

Deze, ziende dat ik voor het kantoorwerk mij gereed maakte,
gaf als zijn voornemen te kennen, die avond, wegens
ingespannen bezigheden van de afgelopen dag, van arbeiden
verschoond te willen blijven; en voegde er in een adem bij, dat,
indien er geen dringende werkzaamheden te verrichten waren,
ook ik dan wel vrijaf mocht hebben.

Wonderlijk, niet waar? Hoe de Heere nu tot tweemalen toe
mijn eigen patroon gebruikte, om Zijn raad te volbrengen, om
mij mijn begeerte te schenken.

Het spreekt wel vanzelf, dat ik van de aangeboden vrijheid een
welwillend gebruik maakte, en mij, zonder dat ik behoefde te
zeggen waarheen ik ging, en zonder dat iemand met mijn doel
bekend was, ijlings naar buiten spoedde om mij ten huize van
Ds. Moolhuizen te begeven. Maar ach, hoe knikten mijn
knieën, en hoe klopte mij het hart, toen ik aan de deur was
gekomen, en voornemens was om binnen te gaan. O, wat al
stemmen deden in mijn binnenste zich horen, met wat al
redeneringen werd ik gekweld! Ik, die een Jood was, zou daar
in een christelijk gezelschap zitten, bepaald met het doel om
eens getuige te wezen van hetgeen daar werd gesproken; aan

wat al schimp en smaad stelde ik mij bloot; en hoe vreemd zouden zelfs de Christenen opzien, mij, een Jood, in hun midden te hebben; neen, er niet in, en ... ik ging er niet in; ik keerde werkelijk terug; maar, gelukkig niet weer naar huis.

Waarom ik niet meer naar huis ging weet ik zelf niet; misschien wel omdat ik dacht, dat ik nu eenmaal vrij had, en het daarom dwaasheid zou wezen, wanneer ik van die vrijheid geen gebruik maakte. Wat echter geen misschien, maar vast en zeker is, is dit, dat de Heere mij voor teruggaan heeft bewaard, en mijn schreden richtte naar de woning van Jakobs, om hem te verzoeken, dat hij mij naar het gezelschap zoude vergezellen.

Hoe gaarne hij aan dat verzoek ook zou hebben willen voldoen, was hem dit nochtans onmogelijk, om reden hij zijn zieke vader moest oppassen, zodat ik mij hierin teleurgesteld zag. Een ogenblik later kwamen enige vrienden, onder andere J. Lutter en J. Smidderks bij Jakobs, die zich aanboden mij te vergezellen, waarop wij ons dan ook weldra verwijderden, en al pratende de straat langs gingen, waarbij ik onder andere ronduit bekende, dat wij aan onze formuliergebeden niet genoeg hadden, aangezien daar niet altijd in voor kwam wat de mens nodig heeft. Reeds vroeger wist ik, hetgeen mij in de laatste dagen hoe langer hoe duidelijker was geworden, dat iemand op het ogenblik, dat hij een formuliergebed bad, bepaald behoefte kon hebben aan iets hetwelk in dat formulier niet werd gevraagd.

En zo waren we in een ommezien de woning van Ds. Moolhuizen genaderd, die ik nu ook bepaald met genoemde vrienden binnentrad, en waar reeds een tiental personen, meest leden van de gemeente, om haard of tafel geschaard waren, in wier midden ook wij plaats namen.

Erg op mijn gemak gevoelde ik mij echter niet, het was mij als een Saul onder de profeten; ik gevoelde dat ik bij dat gezelschap, in zulk een kring, niet behoorde. Niet dat ik dacht, zoals dat soms bij waarachtig bekommerden plaats vindt: die mensen zijn gered, en ik leef nog zonder hope, neen, dat volstrekt niet; zover was ik nog niet ontdekt; maar eenvoudig gevoelde ik mij vreemdeling; het was mij niet gemakkelijk. Het werd echter al spoedig beter, toen namelijk nadat Ps. 105:5 was gezongen, Dominee in het gebed ook mij opdroeg, en zoals ook Jakobs had gedaan, de Heere smeekte, dat de zoon van Abraham, naar het vlees, die nu tegenwoordig was, nog eens een zoon Abrahams naar de geest worden mocht.

Dit gebed maakte nu diepere indruk op mij als dat bij Jakobs; want ik besefte nu beter dat Ds. Moolhuizen bepaald mijn welzijn zocht, en daarom voor mij bad, iets wat ik de vorige keer niet zo bepaald overwoog.

Ik zat dus zonder vooroordeel, en luisterde met aandacht, naar hetgeen alzo meegedeeld en besproken werd. Omdat Dominee persoonlijk een ieder naar zijnen zielstoestand vroeg, kwam de beurt ook aan mij, waarop ik onder andere antwoordde, dat ik zeer wel wist, dat het met Israëls kerkelijke en staatkundige toestand treurig gesteld was; dat de geschriften der Rabbijnen geen goddelijk gezag hadden, en ik daarom de daarin vervatte geboden en verboden weinig achtte; dat ik geloofde dat Christus geboren en gestorven was, en ik Zijn lessen volkomen gelijk stelde, met de voorschriften der Rabbijnen; dat ik Hem echter onmogelijk voor Gods Zoon erkennen, en daarom geen goddelijke macht Hem toekennen kon, maar Hem met andere geleerde en goede mannen uit vroegere tijd op één lijn plaatste; en eindelijk, dat er vele teksten in de Bijbel stonden, die ik niet begreep. Wel, zeide ik, had Dominee die op Christus toegepast; dat kon ik echter zo maar niet als geloofwaardig aannemen; wel wilde ik een en ander onderzoeken, en daarbij gaarne de wenk behartigen die Dominee mij gegeven had, namelijk dat onderzoek te paren met de bede van David: "Ontdek mijn ogen, dat ik aanschouwe de wonderen van Uw wet"!

Inmiddels was het half tien geworden en moest ik, om geen argwaan te wekken, naar huis, en om die reden ging ik heen;

terwijl ik groetende de wens uitte dat de Heere hun samenkomsten zegenen mocht. Was ik daarom van het nut der bijeenkomst reeds overtuigd? Och, dat weet ik niet; zo diep dacht ik nog niet door; daar gaf ik mij in het bijzonder geen rekenschap van; maar het gezelschap had, in het geheel genomen, een liefelijke indruk op mij gemaakt. Wel klonk het mij vreemd in de oren, dat ieder zo maar aan de leraar vertelde hoe het er in zijn binnenste uitzag; en soms er nog wel bijvoegde, dat men met afleidende en verstrooide gedachten in de kerk had gezeten. Dit vond ik, als nog onbekend met mijn eigen hart, alles behalve zoals het behoort en meende, dat men dit gemakkelijk kon voorkomen; maar ook even vreemd kwam het mij voor, dat zij dit nog aan de Dominee durfden vertellen; ik toch zou mij wel wachten, om mijne ongodsdienstigheid of iets anders van hetgeen ik verkeerd had bedreven, mee te deden aan anderen, althans niet aan de Rabbijn.

Ook verwonderde het mij wel zulke dingen uit de mond van Afgescheidene mensen te vernemen, die toch immer voor vroom wilden doorgaan, en er door anderen voor gehouden werden, waarom het mij wel wat tegenviel nu te moeten vernemen, en dat nog wel van henzelf, dat zij zelfs in de kerk nog boze gedachten hadden. Dit trachtte ik een ogenblik zo te verklaren, dat zij voor de mensen vroom wilden zijn, maar onder elkaar hun slechte praktijken onbewimpeld bespraken. Toen ik er echter bij dacht, dat zij dan toch niet zo zouden redeneren in de tegenwoordigheid van een Jood, gevoelde ik dat de gemaakte gevolgtrekking geen steek hield, en ik tot de conclusie moest komen, dat, hoe het dan ook zij, en hoeveel raadselachtigs ik ook had vernomen, ik toch duidelijk had kunnen opmerken, dat die mensen oprecht waren, omdat zij precies spraken, zoals het in hun binnenste uitzag, en ten andere, dat zij Gode van alles de eer gaven. Dit boezemde mij onwillekeurig achting voor hen in en is het zeer waarschijnlijk daaraan toe te schrijven, dat ik zo hartelijk van hen scheidde en zo welgemeend de zegen des Heeren hun toewenste.

En nauwelijks had ik dien zegenwens geuit, of ik werd levendig herinnerd aan het woord van Jesaja: "dit volk heb ik Mij geformeerd, het zal Mijnen lof vertellen"; ja, ik zou zeggen, met kracht viel dit woord op mijn gemoed.

Natuurlijk paste ik deze woorden op het Joodse volk toe, tot wie ze ook in de eerste plaats waren gesproken; maar ook op het Joodse volk van de tegenwoordige tijd, zonder ook maar in het minst enig onderscheid te maken tussen het vroeger en het tegenwoordig Israël, of in de verte te kunnen veronderstellen, dat de Nieuwtestamentische gemeente des Heeren gebouwd was op, en voortsproot uit het Oudtestamentische Israël. Wel nee, zo diep dacht ik nog niet door; voor zulke beschouwingen was mijn oog nog volstrekt niet geopend. Ik wist, dat het woord, hetwelk mij te binnenkwam, of ik durf ook wel zeggen, waaraan de Heere mij herinnerde, gesproken was door Jesaja, en oordeelde nu als de meest natuurlijke zaak ter wereld, dat Jesaja, die geen Heidens maar een Israëlitisch profeet was, dat uitsluitend gezegd had van zijn eigen volk, en hoegenaamd van geen ander. Dat was, zo dacht ik verder, immers ook een zaak die vanzelf sprak; Israël was vanouds het volk van God, en is dit nog; het volk hetwelk de Heere Zich ten erve, ten eigendom uitverkoren heeft, zodat het volk, hetwelk God Zich geformeerd had, geen ander was, en geen ander kon zijn, dan het volk Israël, het volk waartoe ook ik behoorde.

Hiermee was echter mijn overdenking geenszins geëindigd; maar dacht ik verder, dat ingeval wij, Israëlieten, Gods volk zullen zijn, wij dan ook Zijn lof moeten vertellen. Dit nu wist ik maar al te goed, dat bij ons niet plaats vond; zoals duidelijk blijkt uit hetgeen ik vroeger heb gemeld; onder andere hoe ik van het zinledige onzer godsdienstoefeningen maar al te goed overtuigd was. Het volk daarentegen, in welks midden ik heden avond heb vertoefd, dat vertelt Gods lof. Want al had ik de uitdrukking: "dat God op het hoogste verheerlijkt, en de zondaar op het diepste vernederd moet worden", nog nimmer gehoord, de waarheid van dit gezegde had ik, al wist ik haar ook niet onder woorden te brengen, maar al te goed opgemerkt. Neen, geen ogenblik twijfelde ik er aan, dat die mensen op het gezelschap Gode van alles de eer gaven; dat zij niets aan zichzelf, maar alles aan de Heere toeschreven.

Bijgevolg zouden die mensen tot Gods volk behoren? Ja, als een der kenmerken van dat volk is, dat het Gods lof vertelt, dan moest ik wel tot dit besluit komen; gemakkelijk ging dit echter niet. Immers Gods volk, redekavelde ik bij mezelf al voort, moet een vroom, een godvruchtig volk wezen; en die mensen daar, bij Ds. Moolhuizen, waren zondaars, goddelozen, de een al erger dan de ander; zoals zij zelf luid hebben uitgesproken. Neen, dat kon Gods volk niet zijn; en wij, Joden, waren het ook niet; eilieve, waar is het volk van God dan te zoeken?

Uit deze maalstroom kon ik mij onmogelijk uitredden, zodat ik het niet verder kon brengen, dan onvoorwaardelijk te erkennen, dat, hoe het ook zij, het volk, hetwelk ik die avond had horen spreken, een oprecht volk was, en dat van ons, Joden, niet meer kon worden gezegd Gods lof nog te vertellen. Dat die lieden bij Ds. Moolhuizen zulke grote zondaars waren, neen, dat stond me wel niet aan, maar het was in elk geval voor mij stof van dankbaarheid, dat ik zo erg niet was.

Een nieuw punt van overdenking, want nauwelijks had ik mij in mijn voortreffelijkheid boven de lieden, in wier midden ik die avond had doorgebracht, verheugd, of het was mij als werd de vraag mij gedaan, of ik werkelijk wel zover boven hen stond; of ik misschien ook slechter was, dan ik zelf meende, en zie, met deze vraag was de tijd aangebroken, waarop de Heere door Zijn Heilige Geest krachtdadig begon te werken.

PASTORIE VAN DS. MOOLHUIZEN.

5. Diepere ontdekking

Nauwelijks had ik de vraag: of ik wellicht ook groter zondaar was, dan ik mij inbeeldde, in mij voelen opkomen, of ik moest dezelve bevestigend beantwoorden. Onmiddellijk toch werd ik bepaald bij tal van euvelen, die mij, ja vroeger ook wel bekend waren, maar die ik nog nimmer zo duidelijk gezien had als nu. Eerst ging mijn oog open voor de meest grote vlekken, die echter hoe langer hoe menigvuldiger, en tevens hoe langer hoe duidelijker mij voor de geest kwamen, totdat ik een ontelbaar tal van zonden en ongerechtigheden zag, en zo zag, dat het mij zo duidelijk werd als de dag, dat ik in zulk een toestand onmogelijk voor God kon verschijnen. Wel altijd heb ik geweten, dat ik lang niet volmaakt was, dat er genoeg te wensen in mij overbleef, maar ik meende evenzeer dat ik lang niet een van de ergste zondaars was, dat ik in sommige eigenschappen zelfs ver boven anderen uitmuntte, en dat ik het o zo goed met God meende.

Ja, zo blind is de mens van nature, zo blind, dat, niettegenstaande hij melaats is van de hoofdschedel tot de voetzool toe, hij zich nog al voor tamelijk gezond houdt, en daarom aan de medicijnmeester geen behoefte gevoelt; hapert er hier of daar wat aan, welnu, daarvoor kan eenvoudig een huismiddeltje worden gebruikt; en zo tracht de mens, evenals Adam heeft gedaan, van God weg te vluchten, teneinde zichzelf te dekken, teneinde buiten God zich te redden.

Zo was het mij ook gegaan; nu zag ik echter, dat ik lang geen deugden genoeg had, lang niet braaf genoeg was om met vrede te kunnen sterven, om de hemelse heerlijkheid te beërven; zag ik, dat Gods blinkende heiligheid en wrekende gerechtigheid tegenover mijn zonden stonden, en dat ik, als ik niet veranderd werd, voor eeuwig moest omkomen. Nu geloofde ik vast en zeker, dat ik de Hemel verbeurd, daarentegen de hel rechtvaardig verdiend had.

Deze ontdekking maakte mij dus nader met mijzelven bekend, al is het waar, dat ik later nog heel wat meer met mijn hart bekend ben geworden; maar zover had God mij toch alreeds door Zijn ontfermende genade gebracht, dat ik overtuigd van mijn zondigen en dus doemwaardige toestand, meer dan ooit te voren ernstig begon na te denken over de dingen der eeuwigheid, en het heil mijner onsterfelijke ziel mij inderdaad begon te wegen. Ja, die toestand woog mij zo zwaar op de ziel, dat ik op de knieën zonk voor de Heere, Hem mijn overtredingen beleed, en ernstig om vergeving smeekte, terwijl ik oprecht begeerde, door Hem geleerd en geleid, en voor de eeuwige zaligheid voorbereid te werden. Met diepen ernst maakte ik het woord van David tot het mijne, en ik bad: "Ontdek mijn ogen, opdat ik aanschouwe de wonderen Uwer wet"!

Elk jaar op de Grote Verzoendag had ik met geheel de Synagoge mijn knieën gebogen; maar ach! dat was, vooral bij de jonge mensen, meestal vorm; terwijl een groot deel der Synagogebezoekers niet eens verstond wat er bij dat kniebuigen werd gebeden. Nu echter had ik uit behoefte des harten mijn knieën voor de Heere gebogen; nu lag ik als een arm boeteling, als een verloren zondaar daar neer, in het besef mijner diepe onwaardigheid, smekende om te worden behouden.

Of ik toen dan ook al pleitte op genade? Naar de vorm zeer zeker niet; want zo duidelijk wist ik van de weldaden des heils nog geen onderscheid te maken; tevens had ik nog veel te veel goede voornemens om mij onvoorwaardelijk op genade over te geven. Maar wie zal zeggen, dat hij het ten volle geleerd heeft om door genade zalig te worden? In hoofdzaak ieder kind van God, omdat dit bij al zijn doen, bij al zijn werken, geen ruste vindt, die hem sterken, geen hope heeft, die hem bemoedigen kan; overigens echter zal er wel geheel een mensenleven nodig wezen om het woord "genade" goed te leren verstaan; aangezien de eigengerechtigheid ons door merg en been zit, waarom Luther, zo snedig opmerkt, dat ieder mens een paap in zijn hart heeft.

Dit alles in aanmerking genomen, kan ik niet anders zeggen, dan dat ik, wat de hoofdzaak betreft, toen werkelijk op genade pleitte, al heb ik zeer waarschijnlijk het woord niet genoemd. Immers ik bad God om behoudenis, en was overtuigd, dat ik mijzelven niet behouden kon, zodat in elk geval op de bodem van mijn hart de overtuiging gevestigd lag: ik moet behouden worden door God, want ik zelf kon het niet doen.

Tegelijk met deze bede werd de begeerte en behoefte geboren om niet alleen over de dingen der eeuwigheid te denken, maar ook om er zoveel mogelijk over te spreken; ik begreep echter al zeer spoedig dat ik dit niet met alle mensen, ook nog niet met alle Christenen, dat wil zeggen met alle gedoopten kon doen; maar dat dit mensen moesten wezen van de kleur zoals ik ze bij Ds. Moolhuizen had ontmoet. Te weinig had ik echter nog de gave der onderscheiding, waardoor ik meende, dat, wanneer iemand maar een godsdienstige toon aansloeg, hij mij ook wel zou verstaan, en met mijn spreken wel ingenomen zoude zijn. Zodoende liet ik mij in de begin al heel spoedig los; maar heb al te vaak ondervonden, dat, hetgeen ik voor leven in de waarheid hield, menigmaal nog niet eens belangstelling in dezelve was. Daarom werd ik een weinig voorzichtiger en nam eerst de proef op de som, of de mensen met wie ik trachtte te spreken, liefhebbers der waarheid waren, teneinde voor teleurstelling verschoond te blijven. Dit legde ik echter zo dom mogelijk aan, door de mensen, van wie ik veronderstelde, dat ik mijn toestand wel aan hen zou kunnen openbaren, boutweg te vragen of zij ook bekeerd of wedergeboren waren. Zo kwam ik eens op het gehucht 'de Bane' in het huisgezin van Harm Wortel, met wiens zuster, die ik meende, dat afgescheiden was, ik aan het spreken kwam. Had ik nu wat meer geestelijke kennis bezeten, dan zou ik al spoedig gemerkt hebben, dat die naaister iemand was, die in de dingen der eeuwigheid zeer veel belang stelde; daarvoor was ik echter nog niet genoeg ontdekt en vroeg ik zo plat als ik maar kon: "Fenne, zijt gij ook bekeerd"?

Die vraag vloeide, zoals de geachte lezer begrijpen zal, volstrekt niet voort uit de zucht om de kerkelijke keurmeester te spelen, maar enkel uit de begeerte om te weten, of ik ook met deze vriendin zou kunnen spreken, over datgene, wat mij zo zwaar op het hart woog, en dat mij toch dierbaar was geworden boven alles.

En wat antwoordde onze Fenne? "Dat wi'k di jeude nich zeggen; want de gekruiste Christus is den jeude een argernisse en den Griek een dwaosheid"!

Die goede, vrome ziel had geen schuld. Van hetgeen er in mij omging had ze nog niets vernomen, aangezien het pas was begonnen; en nu bevreesd om de paarlen voor de zwijnen te werpen, gaf zij mij wel een ietwat scherp antwoord, hetwelk echter niet te scherp zou zijn geweest, had ik die vraag uit blote nieuwsgierigheid of spotlust gedaan; die vraag was ook zo lomp, zo vierkant mogelijk. Naderhand heeft Fenne haar leedwezen wel tegen mij betuigd, en heb ik met die zuster in de Heere, die, zo ik meen, nu reeds juicht voor de troon, menigmaal recht hartelijk gesproken, waarbij het bleek, dat Fenne ook toen al bekeerd was.

Overtuigd als ik nu was, dat ik, in mijn tegenwoordige toestand onmogelijk zonder verschrikking voor God verschijnen kon, legde ik mij met alle ernst er op toe, om een ander, om een beter leven te leiden.

Lichtzinnige taal trachtte ik zoveel mogelijk te vermijden; aan het verkeer met mijn vroegere vrienden gevoelde ik volstrekt geen behoefte; en op het waarnemen van mijn godsdienstplichten legde ik mij zeer stipt toe. Niet dat ik er nu behoefte in zag om al de Joodse ceremoniën trouw waar te nemen; neen, nu nog veel minder dan vroeger kon ik geloven, dat bijvoorbeeld het handenwassen voor het eten een Gode welbehaaglijke daad was. Immers nu zag ik veel beter in, dan ik ooit had gedaan, dat God heilig en rechtvaardig is, en door zulke nietigheden onmogelijk kon worden bevredigd. Neen, dat niet, maar de voorgeschreven gebeden verrichtte ik nu wel naar gewoonte, echter niet meer, zoals voorheen, enkel uit gewoonte; maar waarlijk uit behoefte des harten; meestal met diep gevoel. Ik was erg onrustig, want mijn zondige toestand kreeg ik hoe langer hoe meer, als bij de dag bijna in te zien, zodat ik deed wat ik kon om vrede te vinden. Ja waarlijk, ik deed wat ik kon want in 'doen' zocht ik nu heil en troost voor mijn arme ziel. Ik bad, ja ook wel, omdat ik behoefte gevoelde God om vergeving te vragen, maar toch ook terwijl ik begreep, dat bidden tot een vroom en heilig leven behoorde, en ik zonder dat vrome en heilige leven onmogelijk in de hemel kon komen. Ik leefde in de veronderstelling, dat, hoe meer ik bad, hoe vromer ik was, en wilde ik in de grond der zaak God door de veelheid der gebeden bewegen; dat is, ik meende dat wanneer ik het lichtzinnige leven maar liet varen, en maar veel bad, ik dan vanzelf ook wel vrede voor mijn gemoed zou smaken, en mij in elk opzicht recht gelukkig zou gevoelen.

Terwijl de bezigheden in de week echter niet toelieten om lang te bidden - er was voor mij altijd veel te doen, niet alleen in winkel en kantoor, maar ook in kelder, schuur en op zolder - trachtte ik op de Sabbatdag te vergoeden, wat ik in de week had verzuimd; om zodoende de schaal weer in evenwicht te brengen.

Niet alleen deed ik dan de gewone Formuliergebeden, maar ik las ook de afdeling der "Thora" die voor die dag aangewezen was, met het bijbehorende deel uit de Profeten. En hierbij bleef het nog niet eens. Ik gevoelde geen vrijheid om mij op straat te begeven alvorens ik elke Sabbatvoormiddag 31, zegge een en dertig Psalmen had gelezen. Waarom juist 31?

Omdat de Psalmen voor Israëlitisch gebruik niet alleen ingedeeld zijn, zoals ook bij ons in 150 liederen, maar ook in 5 boeken, overeenkomstig de 5 boeken van Mozes, en in 7 afdelingen, beantwoordende aan de dagen der week; alsook in 30 stukken, voor iedere dag van de maand, las ik toen steeds het Sabbatgedeelte, zijnde van de 120sten tot de 150sten Psalm. Om nu echter heel vroom te zijn, en elke beschuldiging dat ik niet genoeg deed, verre te houden, las ik boven het voorgeschreven voor de Sabbatdag ten overvloede er nog één bij, en wel de 119den; dan toch deed ik al bijzonder veel, en meende ik wel vrede te zullen vinden.

Was ik niet diep te beklagen? Ik arme, nog grotendeels blinde stumper die ik was! Ik meende door doen de gunst van God, en daarmede de vrede der consciëntie te verwerven , en wist niet, dat Jesaja gezegd had, dat wij allen als een onreine zijn, en onze gerechtigheden als een wegwerpelijk kleed. Trouwens, ik vond dan ook geen vrede, maar werd hoe langer hoe onrustiger, omdat ik, niettegenstaande al mijn doen, in eigen schatting hoe langer hoe groter zondaar werd. Toen ik hierover met Ds. Moolhuizen, naar wien ik al spoedig weer na de hiervoor aangeduide zondagavond, in stilte heen sloop, alsook met andere Christenen sprak, gaven zij mij de raad, dat ik maar bidden moest, en gaven tevens hun blijdschap te kennen dat het zo met mij ging. Dit laatste kon ik onmogelijk begrijpen, ja, was het mij soms zelfs onverdraaglijk dat zij blij konden zijn over iets, hetwelk mij een oorzaak van zo bittere droefheid was. „Zo moet het juist eerst komen”, hadden zij gezegd; hoe is het mogelijk, dacht ik eerst bij mezelf; moet men dan een zondaar worden om gelukkig te wezen; moet niet juist een heilig leven, een hoe langer hoe meer afleggen van de zonde, ons waarlijk gelukkig maken?

O, die werkheiligheid, waarvoor ik nog ten enenmale blind was, of liever gezegd, waarop ik nog geheel en al bouwde, hield mij in haar strikken verward; het was mij nog niet gegeven om haar van Evangelische heiligmaking te kunnen onderscheiden.

De raad nu, om te bidden, was mij natuurlijk zeer welkom; ook volgde ik die immers reeds getrouw op, zo ik meende. Graag wilde ik nog wel meer bidden, indien mij dan maar gezegd werd wat ik bidden moest. O, indien men mij een penitentie van 50 gebeden daags had opgelegd, bereidwillig had ik mij onderworpen, indien ik maar enigszins de tijd er voor had kunnen vinden. Niemand echter, ook de leraar niet, wilde mij zeggen wat ik bidden moest; hetgeen ik toen onmogelijk begrijpen en daarom ook niet goedkeuren kon; want dacht ik, als een Dominee iemand niet terecht helpen zal, wie zal het dan doen. Ik had namelijk gewild, dat de leraar mij zou aanwijzen welke hoofdstukken of Psalmen ik lezen moest en meende, dat het in de hoeveelheid der gebeden zat, toen mij de raad gegeven werd, dat ik maar bidden moest. Toch liet Ds. Moolhuizen mij niet geheel en al in de steek; maar gaf mij de raad om, als ik dan toch volstrekt hebben wilde, dat hij mij een enkelen wenk gaf, dan met David te bidden: "Ontdek mijn ogen, opdat ik aanschouwe de wonderen Uwer wet"! en: "Schep in mij een rein hart, en vernieuw in het binnenste van mij een vasten geest"! Met die wenk was ik wel blij, meevallen deed het mij echter niet, om reden het zo gemakkelijk en eenvoudig was, zo ik meende, die raad op te volgen; en tevens omdat ik beide zaken reeds menigmaal van God had gevraagd. Het ging mij als Naäman den Syriër bij de profeet Elisa, wie het te eenvoudig was om in de wateren van de Jordaan zich te wassen.

Uit alles blijkt, zoals trouwens ook wel te begrijpen is, dat ik nog geheel onervaren was in het woord der gerechtigheid en mij van de weg der behoudenis een geheel verkeerde voorstelling vormde. De Heere werkt dan ook niet alles in eens; maar gelijk Hij de schepping in 6 dagen heeft voltooid, zo doet Hij ook het werk der genade in het hart van de zondaar allengskens te voorschijn treden, al weten we, dat de wedergeboorte op zichzelf in een ogenblik wordt gewerkt, en er aan de zijde Gods geen scheiding plaats vindt tussen wederbaren, rechtvaardigen en verzegelen met de Heiligen Geest der belofte.

Van achteren bezien, was ik dus wel op de weg, die ten leven leidt; maar ik had o zoveel nog te leren; immers niet alleen moest ik nog veel meer aan mijzelven worden ontdekt, maar ook moest ik de Heere Jezus Christus als de van God beloofden Messias nog leren kennen. Wel dacht ik over dit punt ernstig na, kon mij onmogelijk vinden in de verklaring die door de Rabbijnen van de Messiaanse teksten gegeven werden, bladerde en zocht ook wel of ik ook tot helderheid kon komen, maar kwam in het eerst al zeer weinig verder. Op eens echter ontving ik een krachtige stoot, waardoor mijn onderzoek meer bepaalde vormen aannam, en ik meer vergelijkender wijs de beloften aangaande de Messias ging bestuderen.

Op zekeren avond namelijk kwam ik weer eens bij B. J. Reinink, dezelfde bij wien ik Jacobs had aangetroffen, die mij vroeg hoe het gesprek ten huize van laatstgenoemden mij voldaan had, waarop ik antwoordde, dat ik in vele opzichten met genoegen hetzelve had gevoerd, maar dat ik ook dingen gehoord had, die mij zeer vreemd in de oren hadden geklonken, en dat ik onmogelijk geloven kon, dat, zoals Jacobs beweerd had, Christus de ware Messias zou zijn.

Reinink echter sloot zich ten volle bij Jacobs aan, zeggende, dat er toch volstrekt geen andere Zaligmaker was dan de Heere Jezus; Hij was de enige Middelaar Die ons verlossen moest van de toekomende toorn, en alleen door Zijn verdiensten konden we zalig worden. Dit alles, beweerde Reinink, stond dan ook duidelijk in Gods Woord te lezen, want zo lezen we onder andere: "Waarlijk, Hij heeft onze krankheden op Zich genomen, en onze smarten, die heeft Hij gedragen; om onze overtredingen is Hij verwond, en om onze ongerechtigheden is Hij verbrijzeld; als een lam is Hij ter slachting geleid, en als een schaap, dat stom is voor het aangezicht Zijner scheerders", "wat dunkt u", vroeg nu Reinink, "ziet dat ook op Christus"?

"Natuurlijk", was onmiddellijk mijn antwoord, "ziet dat op Christus", want ik wist wel dat het lijden van Christus door de

Christenen alzo voorgesteld wordt, en geloofde ook wel, dat Christus geduldig en ook onschuldig geleden had, reeds vroeger had ik al ingezien dat de Joden de Heere Jezus niet hadden begrepen, en dat Judas als de verrader van Zijn Meester een zeer laag sujet was. "Natuurlijk ziet dat op Christus", gaf ik daarom ten antwoord, maar liet er echter onmiddellijk op volgen, "maar wat geeft het mij of Lukas of Johannes al op zulk een wijze van Hem spreken; die zullen wel oppassen, dat zij hun Meester op geen andere manier voorstellen".

Ik was dus sterk in de verbeelding, dat de aangehaalde teksten uit het Nieuwe Testament genomen waren, hetwelk mij echter door vriend Reinink weldra anders onder het oog gebracht werd, die mij uit Jesaja 53 aantoonde, dat het aangehaalde bewijs niet door een Evangelist of Apostel, maar door de Oudtestamentische Jesaja gesproken was.

Ik kon mijn oren nauwelijks geloven, toen ik hoorde dat zoiets in Jesaja te lezen zou staan, en inderdaad ik geloofde het niet ook; want dan zou Jesaja, de Israëlitische profeet, geprofeteerd hebben van de Messias der Christenen; met andere woorden van de Messias, Die door de Christenen wel, door de Joden daarentegen niet als de Messias erkend werd. Neen, van tweeën één moest waar zijn: Of Reinink las met opzet anders dan er stond om mij maar vast te kunnen zetten, hetwelk mij lang niet onwaarschijnlijk voorkwam; of hij vergiste zich in het boek, waaruit hij voorlas, menende, dat hij Jesaja voor zich had, terwijl het Lukas of Paulus, of wie ook der Nieuwtestamentische schrijvers was. Derhalve moest ik niet alleen horen, maar ook zien; met eigen ogen wilde ik mij overtuigen, of het gelezene werkelijk door Jesaja geschreven was. En natuurlijk het boek genomen hebbende, zag ik maar al te goed, dat Reinink noch mij misleid, noch zich vergist had, en dat hij niet anders had gedaan, dan letterlijk uit Jesaja voor te lezen.

En toen geloofde ik onmiddellijk?

Dat zou men billijk kunnen denken, gelijk het wenselijk en noodzakelijk zou zijn geweest; maar neen! Het ging mij nog erger dan Thomas: ik zag, en geloofde nog niet. Het stond bij mij vast, dat Jesaja zoiets niet kon zeggen, waarom het voor mij een uitgemaakte zaak was, dat men de overzetting had vervalst, teneinde deze uitspraak maar op Christus te kunnen toepassen, gelijk de Christenen algemeen door Israël beschuldigd worden, in deze strekking de Bijbel te hebben vertaald.

Het spreekt vanzelf, dat ik, nauwelijks thuis gekomen, mijn Hebreeuwsen Bijbel nam, om in mijn veronderstelling bevestigd te worden, namelijk dat bovengenoemde plaats niet goed was vertaald. Maar hoe verbaasd zag ik op, en hoe vreemd was het mij te moede, toen ik in de Hebreeuwse Bijbel letterlijk hetzelfde las, als in de Hollandse.

Was ik nu overwonnen; gaf ik mij als geheel machteloos over, en geloofde ik, dat deze profetie op Christus zag? Dat nog zo rechtstreeks niet; want de mogelijkheid bestond immers nog, dat er een voor mij nog onbekende uitlegging aan gegeven moest worden; maar wel geloofde ik, ja geloofde ik gans onvoorwaardelijk dat die profetie wel eens op Christus zien kon; in elk geval, dat zij ruime stof tot ernstig nadenken gaf. Zo vol was ik van deze ontdekking, dat ik als in geestvervoering mijn patroon riep, zeggende: "Denneboom, kom eens hier; dit staat te lezen bij de Profeet Jesaja"! Aan welke uitnodiging evenwel op geheel andere wijze werd voldaan, dan ik had gewenst, iets, wat hij heeft kunnen doen zien, dat een ernstig onderzoek der waarheid, hetwelk in beginsel toch niets anders is dan een zoeken naar de gekruiste Christus, de Jood een ergernis is.

Onwillekeurig rijst hier bij mijn geachte lezers de vraag op, of ik dan niet bekend was met de profeet Jesaja, en ik zoals het schijnt, zijn 53ste hoofdstuk nog nimmer had gelezen.

Dat ik wel eens in de Hebreeuwsen Jesaja gebladerd heb, wil ik niet graag ontkennen; maar veel meer toch ook niet; gelezen had ik hem nooit; wel een paar gedeelten er van, die namelijk elk jaar, in aansluiting bij het lezen van de Tora, in de Synagoge voorgelezen werden; maar Jesaja 53 had ik nimmer onder de ogen gehad.

De Christenen leven over het algemeen in de veronderstelling, dat Israël o zo bekend is met Mozes en de Profeten, en dat, wanneer iemand van hen tot de Heere toegebracht wordt, deze dan dadelijk van alles op de hoogte is. Behoudens enkele uitzonderingen is echter het tegendeel waar.

In de Synagoge wordt elke Sabbat een gedeelte van de vijf boeken Mozes, en ook een gedeelte van een der profeten gelezen; maar daar is het ook voor de meesten mee uit. Enkelen lezen het gehoorde in de Synagoge nog wel eens in hun huizen weer over, en brengen na genoten middagmaal een enkel stuksken in het Nederlands of Platduits over, maar de profetie onderzoeken of zelfs lezen, behoort tot de grootste uitzonderingen. De godsdienstige Joden lezen in "Schulchan Orech", "Zeënna Oerena", in "Chizoek Haëmoena" of in andere geschriften der Rabbijnen; maar Gods Woord wordt niet gelezen, veel minder bestudeerd, tenzij aan de hand van de Talmoed. En de ongodsdienstige Israëlieten gaan, als zij nog ter Synagoge zijn geweest, wandelen of bezoeken afleggen, domino- of damspelen; en lezen ter afwisseling het nieuws van de dag, Uilenspiegel of de Spectator en ook wel een of andere Joodse krant.

Nee, de meeste Israëlieten weten zo min wat in Jesaja staat als in Mattheüs; en zijn met Daniël en Hosea niets beter bekend dan met de brief aan de Romeinen of met de Openbaring van Johannes; zeer velen hebben de Profeten niet eens in hun bezit, ja hebben geheel de Tenach, dit is, geheel het Oude Testament nog nimmer gezien. Het is gebeurd, dat colporteurs aan Israëlitische gezinnen een Bijbel aanboden, en ten antwoord ontvingen, dat men onderscheiden Bijbels had; waarbij dan heel eenvoudig enige gebedenboeken te voorschijn werden gehaald, ten bewijze, dat men geen Bijbel nodig had. Is het nu uit dit alles niet ten volle verklaarbaar, dat ik zo vreemd ophoorde, toen mij iets uit Jesaja 53 werd voorgelezen?

Intussen was ik zeer blij zoiets te hebben vernomen; immers om waarheid was het mij te doen, en hoe meer ik die waarheid nu vond, of gelegenheid had om nauwkeuriger te onderzoeken, wat waarheid was, hoe gelukkiger ik mij gevoelde. Om nu van die waarheid beter overtuigd te worden, begaf ik mij naar Ds. Moolhuizen om de door Reinink aangehaalde teksten aan zijn oordeel te onderwerpen. Natuurlijk hoorde ik nu dezelfde opvatting als ik pas gehoord had, waar ik nog al heel wat tegen in te brengen had.

Wel moest ik toegeven, dat Jesaja gezegd had: "Hij is om onze overtredingen verwond, om onze ongerechtigheden is Hij verbrijzeld en onze smarten heeft Hij gedragen"; geheel onmogelijk scheen het mij echter toe, dat de ene mens voor de anderen zou kunnen voldoen. Immers van een plaatsvervangende Messias, van een Messias, Die voor en om de zonden des volks lijden moest, wil Israël het minste niet weten, hoe duidelijk dit ook vooral in Gods Woord is geopenbaard; van schuldvoldoening heeft het niet het minste besef; ja schuld voldoen door gebed en vasten, dat kan nog; dat dit geschieden moet geeft het dan ook volgaarne toe; maar dat de Messias de zondedrager voor anderen zou wezen is hem een denkbeeld, hetwelk hij zover mogelijk van zich afwerpt. Met glorie, meent hij, zal de Messias verschijnen om aan de tegenwoordige ballingschap een einde te maken, en om Israël in zijn land te herstellen.

Deze gedachte had ook altijd in mijn hart geleefd; waarom het zich goed laat verklaren, dat ik niet zo ineens kon aannemen, dat, hetgeen ik bij Jesaja gelezen had, op de Messias moest worden toegepast; al is het waar, dat genoemde profetie mij geweldig aangreep, en eigenaardige, tot dusver mij nog vreemde gewaarwordingen, in mij opwekte.

Ds. Moolhuizen trachtte mijn bezwaar weg te nemen, door mij er op te wijzen, dat een bloot mens ook onmogelijk voor een ander kon voldoen, en dat daarom de Middelaar ook waarachtig God moest zijn. Die Godheid was dan ook voorspeld, onder andere door dezelfde Jesaja, toen hij gezegd heeft: "Ziet een maagd zal zwanger worden, en een zoon baren, en gij zult zijn naam Immanuel heten"; of ook, toen hij even later de Messias aangekondigd had als de "Sterke God en de Vader der eeuwigheid".

Deze teksten nu waren mij niet onbekend, vooral niet de laatste, omdat die voorkwam in een afdeling die elk jaar in de Synagoge, na het lezen van enige hoofdstukken uit de 5 boeken van Mozes, ten gehore werden gebracht. Nooit echter had ik er bij stil gestaan, wat die teksten eigenlijk wel betekenden, op Wie ze zagen, en nog, veel minder of in dezelve soms ook van een goddelijke natuur van de Messias gesproken werd zodat ik omtrent de Godheid van de Messias noch evenmin overtuigd was als te voren; en nog veel minder kon ik geloven, dat de Messias in de persoon van de Heere Jezus verschenen was.

Indien toch dit zo ware, dan zou, zoals ik toen in bracht, ook vervuld zijn hetgeen geschreven staat bij de profeet Micha: "Maar in het laatste der dagen zal het geschieden, dat de berg van het huis des Heeren zal vastgesteld zijn op de top der bergen; en hij zal verheven zijn boven de heuvelen, en de volken zullen tot hem toevloeien. En vele heidenen zullen henengaan, en zeggen: Komt en laat ons opgaan tot de berg des Heeren, en ten huize van de God Jakobs, opdat Hij ons lere van Zijn wegen, en wij in Zijn paden wandelen. Want uit Zion zal de wet uitgaan, en des Heeren woord uit Jeruzalem. En Hij zal onder grote volken richten, en machtige heidenen straffen, tot verre toe; en zij zullen hun zwaarden slaan tot spaden, en hunne spiesen tot sikkelen; het ene volk zal tegen het andere volk geen zwaard opheffen, en zij zullen de krijg niet meer leren. Maar zij zullen zitten, een ieder onder zijn wijnstok, en onder zijn vijgeboom, en er zal niemand zijn, die ze verschrikke; want de mond des Heeren der heirscharen heeft het gesproken". Micha 4:1-4.

Niets van dit alles, beweerde ik nu, was vervuld; de zwaarden waren nog niet tot spaden, en de spiesen nog niet tot sikkels geslagen; oorlog werd nog overal gevoerd, en wijnstokken en vijgebomen werden nog maar o zo weinig gezien; hier en daar ja een enkele; maar "een ieder zou zitten onder zijn wijnstok en vijgeboom".

Dit alles moest, volgens de mening van mijn geachte leidsman en raadsman, geestelijk verstaan en niet zo letterlijk opgevat worden; het doelde niet op uit- maar op inwendige vrede, die een iegelijk aan zijn eigen harte smaakte, die in waarheid in Christus geloofde.

Met deze verklaring kon echter een zoon Abrahams, die pas de waarheid begon te onderzoeken, en die nooit anders geleerd had, dan de profetie letterlijk op te vatten, zich onmogelijk verenigen. Beter zou hij er zich in hebben kunnen vinden, althans minder onvoldaan zou hij zijn geweest, indien hem gezegd was, dat alle profetieën niet tegelijk worden vervuld; dat God alles schoon maakt op Zijn tijd, en dat zeker eens de tijd zal aanbreken, dat er geen zwaard en spies meer zal zijn; dat er geen krijg meer zal worden geleerd; dat het vrederijk zeker zal worden aanschouwd.

Natuurlijk was deze beschouwing niet die van Ds. Moolhuizen, althans niet voor 25 jaar; anders zou deze zeer geliefde, en der waarheid minnende broeder, mij dezelve bepaald hebben voorgehouden, en daardoor meer naar mijn hart hebben gesproken; nu ging ik onbevredigd heen, en kon onmogelijk geloven, dat Christus de aan de vaderen beloofde Messias was, om reden ik niet in Hem vervuld zag, hetgeen van de Messias was voorzegd.

Toch liet Jesaja 53 mij niet met rust; voortdurend dacht ik er over na, wat het toch wel eigenlijk zou betekenen, op wie het moest worden toegepast, maar kwam nimmer tot een bevredigende oplossing; alleen dan vond ik de meeste opening, als ik het toepaste op Christus; maar hier druiste niet mijn verstand, maar wel mijn gemoed, mijn Israëlitisch hart tegen aan.

Toch moest ik, zo dikwijls ik het las - en dit is menigmaal gebeurd - eerlijk bekennen, dat, wanneer ik de Christus er buitensloot, ik dan overal op onoverkomelijke zwarigheden stuitte; vooral als ik las, dat Hij onze ongerechtigheden gedragen heeft, en dat door Zijn striemen ons genezing is geworden; paste ik echter geheel het hoofdstuk op Christus toe, nee, dan was mij alles nog niet zo duidelijk als de dag, maar dan liep alles toch vrij goed los.

Sommige verzen waren dan zo helder als kristal; bijvoorbeeld dat men Zijn graf bij de goddelozen heeft gesteld, maar dat Hij bij de rijken in Zijn dood is geweest; dat Hij als een lam ter slachting is geleid, en dat Hij als een schaap, dat stom is voor het aangezicht Zijner scheerders, Zijn mond niet open deed, als ook, dat Hij voor de overtreders gebeden heeft. Dit alles - dit wist ik uit de geschiedenis - kan door niemand, zelfs niet door de meest vijandige Jood worden ontkend, en dan was althans dit gedeelte van Jesaja 53 ten volle voor mij verklaard.

Nu sprak wel een stem in mijn binnenste, dat indien het een gedeelte van dit hoofdstuk op Christus sloeg, ook het andere dan op Hem moest zien, en dat dan elke zwarigheid voor mij was weggenomen; daar kwam echter ook al weer veel tegen op, en zo kostte het grote moeite om alle vooroordelen te overwinnen.

Nee, geen duizendste gedeelte van hetgeen een Israëliet, die zijn Messias vindt, heeft te doorworstelen, kan een geboren Christen zich voorstellen; wanneer God deze in het hart grijpt, dan weet hij dadelijk dat hij tot Christus moet vluchten, gelijk hij dat graag doet, en Hem als de enige Zaligmaker, als de God-mens erkent. De Zoon van Abraham daarentegen heeft immer een natuurlijke afkeer gevoeld tegen de persoon van de Heere Jezus; het noemen van die Naam kostte hem niet zelden moeite; en nu die naam als enig middel ter zaligheid te erkennen; nu in dien Naam alles te zoeken wat we voor de tijd en de eeuwigheid nodig hebben; nu tot die Naam te bidden, en geheel en al op denzelven te vertrouwen, waarlijk, dat is niet gemakkelijk; wat zeg ik, voor onze natuur, voor vlees en bloed ten enenmale onmogelijk. Nimmer zou ik dan ook verder zijn gekomen; nimmer mij met het denkbeeld hebben kunnen verzoenen, dat Jezus van Nazareth de beloofde Messias was; dat ik in Jezus van Nazareth mijn heil zou moeten zoeken. Wel was ik, gelijk uit de vorige bladzijden is gebleken, geen dweper geweest; wel heb ik in de waan verkeerd dat ik de zoon van Maria zeer hoog schatte, en Hem hulde toebracht, zoals dat maar zelden door een vleselijke zoon van Abraham wordt gedaan; toen het er echter maar op aankwam; toen God mij aan mijzelven ontdekte, toen werd ik gewaar hoe moeilijk het ook voor mij was om de Heere Jezus te erkennen voor datgene, wat Hij werkelijk is. Ik meende liberaal te zijn; maar och, hoe bitter vijandig was ik in de grond der zaak; zo vijandig, dat waar mijn verstand soms van deze of gene uitspraak des Bijbels zeide: dit kan op niemand anders zien dan op Hem, die door de Christenen als de enige Zaligmaker wordt erkend, mijn gemoed er regelrecht tegenin druiste. De Heere echter had, van achteren beschouwd, een werk in mij begonnen, hetwelk Hij niet zou laten varen. Door Zijn genade, en door Zijn genade alleen, werd ik tot verder onderzoek der waarheid genoopt, om toch goed te weten of Jezus de Messias was ja, dan neen.

Was ik in vroeger jaren, in een gesprek met Schievink en Roetman, al eens gewezen op de Messiaanse teksten, het spreekt vanzelf, dat Ds. Moolhuizen, alsook andere Christenen mij gedurig bij dezelfde bepaalden.

Zodoende werd mijn aandacht gevestigd op Gen. 49:10; Deut. 18:15; Psalm 2, Psalm 110 en meer andere teksten, die ik alle even naarstig onderzocht, en mij in het geloof, dat de Messias nog zou komen, niet weinig deden wankelen.

Vooral steeg mijn verbazing ten top toen ik Daniël 9 onder de ogen kreeg. Toen ik daar las van 70 jaarweken, die bestemd waren om Israëls ongerechtigheden te verzoenen, om de overtreding te sluiten, en om een eeuwige gerechtigheid aan te brengen, ging het mij haast weer evenzo als bij het vinden van Jesaja 53. Vooral toen ik las, dat de Messias na 62 weken zou uitgeroeid worden, was het mij wederom alsof ik niet een profeet des Ouden, maar wel een dienaar des Nieuwen Verbonds het lijden van de Heere Jezus hoorde voorstellen. Nee, van die jaarweken begreep ik hoegenaamd niets; wanneer die beginnen, of wanneer die eindigen zouden, was mij zo donker als de nacht. Maar, dat in elk geval die 70 weken reeds lang voorbij moesten zijn begreep ik al zeer spoedig, terwijl het mij als een wonder in mijn ogen was, dat Daniël voorspeld had, dat de Messias zou uitgeroeid worden. Dit immers was met de Heiland geschied, gelijk hetzelve onmogelijk kan worden ontkend. Of ik al peinsde, of de grondtekst soms ook een andere vertaling toeliet, het mocht mij niet baten. "Wehamashiach jikoreeth" dat stond er maar hetwelk door geen geheel Sanhedrin zelfs anders vertaald kan worden, dan door: "en de Messias", of – wat hetzelfde betekend- Gezalfde "zal uitgeroeid, of afgesneden worden.

Nu waren dan zeker ook al de hoogten gevallen, en kon ik de Heere Jezus als de Messias der vaderen gelovig aannemen? Dit ware niet meer dan billijk geweest, want Gods Woord wees als zodanig Hem zeer duidelijk aan; toch waren voor mij lang alle bezwaren nog niet opgeheven; al moest en wilde ik graag toestemmen, dat het woord des Heeren mij sterk drong om ernstig na te denken, of ik niet het Kindeke in Bethlehem geboren, als de enigen Messias moest erkennen. Ik dacht er dan ook ernstig over na, zo ernstig, dat ik er geheel en al mee vervuld was, en ik bij al mijn bezigheden, op al mijn tochten er voortdurend over peinsde.

Niet alleen dit; maar ik was met al hetgeen ik ontdekt en onderzocht had, steeds biddende werkzaam. Ik bad nog wel niet om het geloof in de Heere Jezus; hoe zou ik dat, aangezien ik nog niet eens goed wist, of ik wel in Hem geloven mocht; maar ik bad wel, dat de Heere mij hoe langer hoe meer met Zijn licht bestralen, mij de juiste zin van Zijn woord aanwijzen, en mij op de rechte weg ten leven wilde doen wandelen. Daarbij wilde ik niets liever, dan maar immer over deze zaken spreken, en greep ik daarvoor elke mogelijke gelegenheid met beide mijn handen aan, waarom ik gedurig met het volk van God in aanraking trachtte te komen, wat mij ook zeer dikwijls gelukte. Immers ook bij hen zowel als bij de andere bewoners van dorp en omgeving moest ik gedurig wegens handelszaken wezen, terwijl ik de vrijdagavond en Sabbatdag geheel en al naar welgevallen kon doorbrengen, gelijk ik dat ook vroeger heb kunnen doen. Zocht ik toen lieden op, die evenals ik hun lust vonden in ijdel vermaak, het spreekt vanzelf, dat ik mij nu spoedde naar degenen, met wie ik over de eeuwige belangen kon spreken, bij wie ik trouwens altijd met de meeste voorkomendheid ontvangen ben.

Niet zo gemakkelijk als om de Christelijke vrienden te bezoeken, ging het om eens een Christelijke godsdienstoefening bij te wonen, aangezien deze bijna altijd op zondag werd gehouden, op welke dag ik mijn werkzaamheden in huis te verrichten had. Toch werd ook daarin mijn verlangen bevredigd.

De voorlaatste dag van het Israëlitisch Paasfeest viel namelijk samen met de Paasmaandag der Christenen; toen ging ik, zonder aan iemand permissie behoeven te vragen - ik had immers geen werkzaamheden te verrichten - naar de Afgescheiden kerk. Reeds was de godsdienstoefening sinds enige tijd begonnen, en trok mijn komst blijkbaar de aandacht van velen, zoals zich ook wel laat verklaren. Met grote opmerkzaamheid en met gespannen aandacht luisterde ik naar Ds. Moolhuizen, die naar aanleiding van Joh. 20:11-17, de noodzakelijkheid van Christus opstanding schetste, en onder andere Maria buitengewoon gelukkig noemde, dat zij een levende, en niet een dode Jezus gevonden had.

Hoewel ik aan alles, wat door die waarde en voor mij onvergetelijke leraar gezegd werd, nog geen geloof hechten kon; had ik toch over het algemeen met groot genot de godsdienstoefening bijgewoond, en was ik nu nog veel meer dan vroeger ingenomen, met de eerbied en de orde, die ook in deze Christelijke samenkomst werd gezien. Nog nimmer was ik zo goed overtuigd als in dit ogenblik van de voortreffelijkheid dezer godsdienstoefening, boven die welke in de Synagoge plaats vindt. Omdat na de predikatie het Heilig Avondmaal bediend zou worden, ging ik heen, én terwijl ik in de veronderstelling leefde, dat ik daar niet bij mocht wezen, én omdat ik niet met de andere kerkgangers thuis wilde komen, vrezende, dat mijn huisgenoten dan eerder mij zouden vragen waar ik mij had opgehouden.

Zij behoefden dit echter niet te doen; want bij mijn tehuiskomst riepen zij mij alreeds tegemoet, dat ik naar de Afgescheiden kerk was geweest; hetwelk ik natuurlijk ook geen ogenklik ontkende, hoewel ik mij niet kon begrijpen - ook nu nog niet, - vanwaar zij dat te weten waren gekomen. Misschien heeft één van de kinderen, terwijl zij op straat speelden of wandelden, mij zien heengaan; hoewel het ook best mogelijk is, dat iemand der zogenaamde Christenen, wie het een doorn in het oog was, dat ze mij naar de "Cockse karke" zagen gaan, mij deze dienst heeft bewezen.

Maar hoe het ook zij, deze bekendheid met de plaats van mijn verblijf gedurende de voormiddag heeft mij geenszins geschaad, maar wel gebaat.

Toen ik op de vraag, of ik naar de Afgescheiden kerk was geweest, niet alleen bevestigend antwoordde, maar in één adem er bij voegde, dat het er mij zeer goed bevallen was, werd op schertsende wijze gezegd, dat ik er dan noodzakelijk des namiddags weer heen moest, hetwelk ik zeide zeer graag te willen. Nu dat moest vooral gebeuren. Spoedig dan de tafel maar gedekt en gegeten, opdat onze ijverige kerkganger vooral niet te laat zou komen; en waarlijk, ik kwam niet te laat. De begeerte mijns harten werd vervuld.

Zo waren het dan wederom de raven die Elia brood brachten en zag ik voor de derde maal mijn begeerte, door middel van mijn, der waarheid vijandig gezinde huisgenoten vervuld.

Wat ik nu in het Christelijk bedehuis hoorde was natuurlijk een voortzetting van de geschiedenis der opstanding des Heeren; bij welke behandeling misschien mijn tegenwoordigheid in de kerk niet uit het oog verloren werd. Maar hoe het ook zij, ik werd geboeid door de herinnering aan de straffen der Joden wegens het verwerpen van de opgestane Jezus.

O zo goed wist ik, dat mijn volk in het verwoesten van stad en tempel zwaar was gestraft, en dat die straffen tot op dit ogenblik toe in de reeds 1800jarige ballingschap voortduurden; toch klonk mij het noemen van dit alles zo in de oren alsof ik het nog nimmer had gehoord.

Daarbij vernam ik toch ook inderdaad dingen, die ik nog nimmer vernomen had. Immers nog nooit had ik Israëls tegenwoordige diep treurigen toestand horen voorstellen als straf op de verwerping van hun Messias. Het verband tussen deze twee feiten werd nu echter zeer duidelijk aangetoond, en tevens in het licht gesteld, hoe de beloften, die aangaande de Messias waren gegeven, alle in de Heere Jezus vervuld waren geworden. Die Jezus werd voorgesteld als de enige hoeksteen die in Zion gelegd is, bij de mensen wel verworpen, maar bij God uitverkoren en dierbaar.

Treffende woorden, dierbare waarheden werden daar van dien kansel verkondigd; waarheden, die ik nimmer had horen prediken, en waar mijn gemoed zeer onder bewogen werd.

Onvoorwaardelijk moest ik toestemmen, dat de straffen, die Israël tot op dit ogenblik ondervond, waarlijk enig waren in hun soort, en dat het opmerkelijk was, hoe die straffen juist een aanvang hebben genomen, enige jaren nadat de Heere Jezus aan de heidenen overgeleverd, en aan het kruis geklonken was geworden.

Ik zat werkelijk gemakkelijk onder die prediking; ook omdat, toen in het laatste gedeelte er van, de jeugd ernstig werd vermaand, om deze tweede Paasdag niet in jeugdige onbezonnenheid en brooddronkenheid door te brengen, ik mij grotelijks verblijdde, dat ik zoiets ook niet graag meer wilde, en nu een geheel andere keuze in mij gevoelde dan weleer; zodat ik met vrijmoedigheid kan zeggen toen zulk een zegerijken Paasdag te hebben beleefd, als nog nimmer te voren. Was het nu zo ongeveer een paar maanden geleden sinds ik Jacobs bij Reinink had ontmoet, er was in die betrekkelijk korte tijd al zeer veel bij mij veranderd; zoveel, dat mijn verandering of ik wilde of niet, ook voor mijn huisgenoten maar al te duidelijk zichtbaar werd.

Het kon niet voor hen verborgen blijven, dat ik mijn gebeden met veel meer nauwgezetheid en ernst verrichtte dan vroeger; dat mijn gesprekken van geheel anderen aard waren dan immer te voren; dat ik mijn bezigheden met veel meer bedaardheid en nauwkeurigheid verrichtte dan weleer; en dat men mij nu niet meer in boeken zag lezen, waarin ik vroeger zoveel vermaak had gevonden.

Toen nu uit dit alles mijn verandering zeer duidelijk bleek, werd mijn bezoek in de Oudgereformeerde kerk ook niet meer aan een grap, of aan nieuwsgierigheid toegeschreven, maar aan dweperij, waaromtrent ik nog al een en ander heb moeten horen.

Was dit al smartelijk voor mijn vlees, het stremde mij door de genade des Heeren evenwel niet in mijn onderzoek, hetwelk ik zoveel mogelijk voortzette. Bijzonder graag las ik bekeringsgeschiedenissen, waaronder die van Salomon Duitsch mij buitengewoon sterk aantrok. Vijf jaar geleden had ik ook eens een weinig daarin gelezen, maar beschouwde het toen als een samenraapsel van verdichtselen, door Christenen opgemaakt om hun godsdienst voor Joden meer aannemelijk te maken. In welk een geheel andere gemoedsstemming werd nu dit belangrijke werk door mij gelezen, ja verslonden als het ware. Toestemmen kon ik alles nog wel niet, begrijpen nog veel minder; maar dat het daarin verhaalde werkelijk zo ondervonden was, stond bij mij vast; terwijl tot latere omhelzing van Jezus Christus als de Messias, het lezen van dit voortreffelijke boek niet weinig heeft bijgedragen.

Ook in het lezen van de bekeringsweg van Gerrit van Doesburg, een kind van 9 jaren, had ik zeer veel genot; alles wat omtrent die knaap werd verhaald, geloofde ik onvoorwaardelijk, waardoor natuurlijk de gedachte, dat Christus de ware Messias was, hoe langer hoe meer tot rijpheid bij mij moest komen. Men zou zeggen, dat, indien ik beslist voor waar hield, hetgeen omtrent Gerrit van Doesburg verhaald werd, ik dan ook niet meer behoefde te twijfelen aan het Messiasschap van de Heere Jezus. Consequent doorgeredeneerd is dat volkomen waar; zo consequent was ik echter niet; graag nam ik aan, dat Gerrit alles zo ondervonden had, zoals verhaald werd, en dat hij in de Heere Jezus alle heil en zaligheid had gezocht en gevonden. Toch was het mij nog niet helder, althans niet helder genoeg, dat in Christus de Messiaanse beloften vervuld waren, en ontbrak mij de vrijmoedigheid om Hem als de enige Redder te erkennen. Er waren teksten genoeg, die mij hadden overreed; er waren stemmen genoeg in mijn binnenste, die spraken, dat Hij, en niemand anders de beloofde Verlosser was; toch was het mij onmogelijk, om Hem als de Zaligmaker te erkennen.

Dit voortdurend ongeloof sproot, zo ik denk, eensdeels voort uit het meermalen genoemde, en welbekende vooroordeel, hetwelk ieder Israëliet als met de moedermelk ingezogen heeft, en tengevolge waarvan er een bijzonder goddelijke kracht en genade nodig zijn, om alle hoogten te doen vallen, en om alle wegen te effenen. Maar ook geloof ik vast, dat het nog niet erkennen van Christus als de Messias aan de andere zijde zijn grond had in de vrees voor zelfbedrog. Het was toch geen kleinigheid om tot zulk een erkentenis over te gaan, daaraan toch was voor de tijd en de eeuwigheid alles verbonden. O zo graag zou ik mij in het volle licht der waarheid hebben willen baden; mijn ogen echter waren nog lang niet van alle nevelen ontdaan. Dat het mij echter om waarheid te doen was, gevoelde ik niet alleen zeer levendig in mijn hart, maar werd ook hoe langer hoe meer voor anderen openbaar, zoals ik weldra maar al te zeer zou ervaren.

Het was namelijk de 5ᵉ mei, toen er een expresse uit Hardenberg tot mij kwam met het treurig bericht, dat mijn geliefde en onvergetelijke moeder de vorige dag het tijdelijke met het eeuwige had verwisseld, en dat ik direct overkomen moest om de begrafenisplechtigheid bij te wonen en de zeven rouwdagen mee uit te zitten.

Daar ik hoegenaamd niets van moeders ongesteldheid had vernomen, kan men zich voorstellen, hoe dit doodsbericht mij schokte; te meer daar ik in ruim drie maanden haar niet had gesproken, en ik, bij mijn laatste bezoek, tegen haar zin mij naar mijn wereldsgezinde kameraden had begeven, in plaats van de avond in haar tegenwoordigheid door te brengen. Ik bewandelde toen echter nog de brede weg en leefde dientengevolge naar de begeerten van mijn hart, gelijk een onbekeerd mens eigen is, die ervaren moet, dat de zonde enkel bittere vruchten afwerpt. Gelukkig die dit nog aan deze zijde van het graf leert doen, en verzoening zoekt in het dierbaar bloed des Kruises.

In weemoedige stemming alzo maakte ik mij op, en kwam ik enige uren later in het sterfhuis bij mijn oom M. Roos te Hardenberg, waar ik verder gelegenheid had om het stoffelijk overschot mijner dierbare ontslapene te bewenen, en tijdens de rouwdagen over het zinledige van de ceremoniën der Joden, maar ook over de waarheid van het woord des Heeren na te denken.

Natuurlijk moest ik nu volgens de leer van de Talmoed, met een scheur in mijn klederen zeven dagen lang op de aarde zitten;

evenwel niet, zoals sommigen menen, dat bij rouwplechtigheden gebruikelijk is, met as op het hoofd; maar wel was ik tot een vervelend nietsdoen gedwongen, want al de zeven dagen is letterlijk elke arbeid verboden. Nu was ik wel bedroefd over het geleden verlies, zo bedroefd zelfs, dat ik soms hete tranen stortte; maar dat ik mijn droefheid op zulk een gedwongen en vervelende wijze openbaren moest, stuitte mij niet weinig tegen de borst. Nog meer echter hinderde het mij, dat ik volgens Joodse wijze genoodzaakt was om voor mijn overledene moeder te bidden, welk bidden genoemd wordt: "Kaddisch zeggen".

Dit gebruik nu had mij reeds vroeger de vraag op de lippen gelegd, waarom wij toch voor de afgestorvenen bidden, en waarom wij dan een gebed doen, waarin toch hoegenaamd met geen enkel woord van de overledene gerept, of ook maar op denzelven gezinspeeld werd.

Het antwoord op die vraag gegeven luidde, dat, ingeval de overledene niet zoveel deugden mocht hebben gehad, als waardoor hij de hemel zou hebben verdiend, God de Heere hem dan nochtans uit de hel, uit het Gehenna, mag verlossen, ter wille van zijn nakomelingen of bloedverwanten, die hij op aarde heeft nagelaten, en die nog elke dag de Naam des Heeren loven en prijzen; want het "Kaddisch" gebed is eigenlijk een formule waarin niets gevraagd, maar waarin de eeuwige God geroemd en verheerlijkt wordt.

Dit antwoord is geheel en al overeenkomstig de Talmoed, die hiermee, zoals in tal van andere gevallen, zichzelf tegenspreekt. Immers op de ene plaats leert hij, dat: "Kol Jisraël chelek legnolam habah", geheel Israël deel heeft aan de toekomende wereld; en hier leert hij, dat geheel Israël nog eerst door de voorspraak van nagelaten betrekkingen uit de plaats der pijniging moet worden verlost.

Is het wonder, dat ik, nu vooral, niet anders dan met groten weerzin het "Kaddisch zeggen" verrichtte en dat ik die tegenzin niet geheel kon verbergen.

Trouwens, men had reeds van mijn veranderde zienswijze gehoord, hetwelk ik op meer dan een wijze moest ervaren.

Zo drukte tante, inderdaad een goede ziel, voor wie ik altijd zeer veel achting heb gekoesterd, mij ten zeerste op het hart, om toch een braaf en vroom Israëliet te wezen, en mij niet te bemoeien met het geloof der Christenen. Om aan die vermaning klem bij te zetten voegde zij er bij, dat moeder, kort voor haar sterven "Tzewaäh" had gelaten, dit is als haar uitdrukkelijke wens te kennen had gegeven, dat ik in de godsdienst der vaderen blijven, en als een oprecht en godvruchtig Israëliet leven moest.

Maar vooral bleek de ruchtbaarheid van mijn overtuiging, toen op donderdags, zijnde juist Hemelvaartfeest, de deelnemende Joden een gesprek hielden over dat feest der Christenen, in welk gesprek zij mij ook inmengden, en mij eer ik er op dacht, menig woord ontlokten, waaruit ten duidelijkste bleek, dat ik niet alleen niet mee kon doen, om evenals zij, met die hemelvaart de draak te steken, maar dat ik zelfs in vele opzichten voor de Christenen partij had getrokken. Daardoor was het niet twijfelachtig meer, of ik was met het zuurdesem der Christenen besmet, en werd mij toen reeds vergund, om, zij het ook onbewust, de smaadheid van Christus te dragen. Dat voorrecht viel mij weldra wederom te beurt, toen ik niet lang na mijn terugkomst uit Hardenberg op zekere avond enige werkzaamheden moest verrichten, waarbij een dochtertje van mijn patroon, een meisje van 12 jaren, mij behulpzaam was. Naar de drang en de begeerte van mijn hart, wees ik haar op de noodzakelijkheid om de Heere vroeg te leren kennen, en spoorde ik tot ernstig bidden haar aan. Nog druk aan het spreken, werd ik eensklaps gestoord door de moeder, die in hevige verbolgenheid op mij toornde, met geen geringe schimp- en smaadredenen mij overlaadde, en mij beschuldigde haar kind afvallig te willen maken van haar geloof, waarom ik er op rekenen moest, dat, als ik weer zoiets durfde bestaan, ik dan direct het huis zou moeten verlaten.

Daar het, volstrekt geen wonder zou zijn geweest, als ik toen ik zo onverwacht overvallen, en zo verkeerd beschuldigd werd, zeer ongepast geantwoord had, gaf de Heere mij evenwel genade om bedaard te blijven, en mij met alle kalmte te verontschuldigen. Onder andere zeide ik, dat ik geen poging aangewend had om haar kind van het Jodendom af te trekken, maar alleen haar had aangeraden, om tot de God der vaderen te bidden, dat die haar mocht leiden in het spoor der gerechtigheid, waaraan ik niets had misdaan. Derhalve zeide ik verder, gevoelde ik mij ook niet verplicht om deze zaak het huis te moeten verlaten, hetwelk ik nochtans zou doen, indien mij dit door mijn patroon - die op dat ogenblik niet thuis was - bevolen werd; waarop, na enige woordenwisseling, dit gesprek voorlopig geëindigd was. Ik zeg voorlopig, want nauwelijks was mijn patroon thuis gekomen, of ik werd bij hem aangeklaagd, bij wie ik mij echter weer op dezelfde wijze verdedigde, als ik zo pas had gedaan.

De heer Denneboom echter, een man van een zeer goed karakter, van wie ik immer zeer veel heb gehouden, en aan wie ik nog tot op dit ogenblik toe in vele opzichten, met zeer veel genot denk, antwoordde eenvoudig, dat hij niet met mij over geloofszaken wilde twisten, maar dat hij terwijl ik ouderloos was, zich gedrongen gevoelde om mijn familie te Coevorden omtrent mijn tegenwoordige omstandigheden nader in te lichten. Immers men wist niet waar mijn tegenwoordig zoeken en streven eens op uit kon lopen, en als het dan eens was, dat ik op de ingeslagen weg voortging, dan wilde hij geen verwijt er van horen, van niet te hebben gewaarschuwd. Had hij dat gedaan, dan moest de familie het verder weten; dan zouden echter de nodige maatregelen wel worden genomen om mij in mijn dwaasheid te stuiten.

Hoewel zulk een redenering zich goed laat begrijpen, moeten we toch zeggen: hoe blind is toch de natuurlijke mens en hoe geven bijna al zijn handelingen het bewijs, dat hij, ook met het beste karakter ter wereld, een volslagen vijand is van God en Zijn dienst.

Oppervlakkig beschouwd toch, zou men verwachten, dat mijn huisgenoten nu veel meer achting voor mij moesten koesteren, dan vroeger, om reden ik nu geen ijdele woorden meer gebruikte, geen ijdele gezelschappen meer bijwoonde, en inderdaad - wel niet voor God, maar wel voor de mens die toch naar de woorden en daden oordelen moet, - beter was geworden; dat wil zeggen: ik bewandelde niet meer die paden der zonde, waarin ik vroeger mijn vermaak had gevonden. Daarbij las ik in de Bijbel, zo goed als in andere boeken en was ik, voor het uitwendige althans, in alles nog Jood. Er was dus, zou men zeggen, alleszins reden om zich over mijn aanvankelijke verandering te verblijden. Maar nee; ik werd uitgelachen en voor dweepziek gescholden en gedreigd bij mijn familie, als iemand op wie nodig acht moet worden gegeven, te worden aangeklaagd. Wanneer mijn patroon vroeger te Coevorden kwam, dan werd ik immer door hem geprezen, nu werd echter een donker tafereel van mij opgehangen; want hetgeen gezegd was te zullen geschieden, vond werkelijk plaats.

Toen mijn waarde heer en meester enige dagen voor Pinksteren bij gezegde familie zich bevond, drukte hij het haar op het hart om ernstig naar mij om te zien, en mij terdege onder handen te nemen. Immers ik was nu niet meer de jongeling van weleer; ik hield mij bezig met allerhande fantasieën, waaraan nodig paal en perk moest worden gesteld. Reeds tweemaal was ik naar de Afgescheiden Kerk geweest; reeds ontving ik onderwijs in de Christelijke godsdienst, waaraan wel niet de minsten twijfel bestond, om reden hij mij een vraagboek uit de zak gehaald had, waarin ik dagelijks studeerde, en tengevolge waarvan ik de werkzaamheden die op mij rustten, verzuimde; waarom hij genoodzaakt zou zijn, mij uit zijn dienst te ontslaan, en van een anderen bediende zich te voorzien.

Dit alles deelde de heer Denneboom bij zijn terugkomst uit Coevorden, mij mee; waaruit blijkt, dat niets dieper gaat dan godsdiensthaat, en dat deze zelfs goedige en beminnelijke karakters kan verblinden.

Bij deze mededeling werd de boodschap van mijn ooms en tantes gevoegd, dat zij volstrekt eisten, dat ik op het aanstaande Pinksterfeest tot hen zoude komen, ten einde zij mij over deze zaken konden onderhouden.

Niet de geloofsmoed bezittende, dien een Luther bezielde, toen hij voor de Rijksdag te Worms geroepen werd, bracht ik tegen de inwilliging van die eis nog al vrij wat in en poogde ik van de reis naar Coevorden ontslagen te worden. Niets mocht echter baten; integendeel werd het overlijden van moeder mede als een drangrede gebruikt; namelijk door mij te nopen om in het midden der gemeente "Kaddisch" te zeggen, hetwelk niet geschieden mag, tenzij minstens 10 personen tegenwoordig zijn; en zo was vanzelf de weg mij aangewezen om rekenschap af te leggen van de hoop, die in mij was en van de waarheid Gods te getuigen.

DS. MOOLHUIZEN. — KERK TE EMLENKAMP.

6. Ter verantwoording

Met lome schreden, gelijk zich denken laat, maakte ik mij alzo daags voor het Israëlitisch Pinksterfeest op, om dat feest in mijn geboorteplaats, in de kring mijner familie door te brengen. Vaak had ik de weg van Emlenkamp naar Coevorden bewandeld; nog nimmer echter in zulk een gemoedsstemming; nog nimmer zo bezwaard, zo angstvol hoe alles wel zou aflopen, maar ook nog nimmer met zoveel verzuchtingen; zo biddende, dat de Heere mij toch bijstaan en kracht geven mocht om voor Zijn Naam en zaak onbewimpeld uit te komen.

Het eerst kwam ik bij mijn zuster; mijn enige en geliefde zuster, die ook mij, haren jongste broeder, altijd bijzonder veel liefde had toegedragen, en die ook nu met de meeste zachtheid en hartelijkheid over hetgeen van mij verteld was, met me sprak.

Niet zo gemakkelijk ging het toen ik enige ogenblikken later bij een mijner tantes kwam, die al zeer spoedig mij vroeg hoe vaak ik reeds naar de Afgescheiden kerk was geweest, en hoe lang ik reeds onderwijs in de Christelijke leer had ontvangen. Op beide vragen antwoordde ik natuurlijk naar waarheid; zeggende, dat ik tweemaal ter kerk was geweest, en nog geen enkele maal onderwijs had genoten, maar dat ik "Hellenbroeks Voorbeeld der goddelijke waarheden" ter leen had gekregen, en daar tussenbeide wel eens in las. Dit antwoord kon niet anders dan een ernstige berisping aan mijn tante ontlokken, die mij tevens vermaande om, indien ik vroom wilde zijn, dan evenals zij, streng naar Joodse wijze te leven; maar dat ik mij toch nimmer met de zaken der Christenen zoude bemoeien.

Dit gesprek, ter wille van de naderende kerktijd afgebroken, werd de volgende morgen nadat de dienst in de Synagoge geëindigd en het ontbijt genoten was, voortgezet; toen werd het, behalve door oom en tante Roos ook nog bijgewoond door een neef, door tantes man, namelijk mijn aangehuwde oom, de heer Polak, alsmede door de heer A. Frank en de heer De Lange, onderwijzer der jeugd en voorganger in de Synagoge.

Op de vraag wat ik toch begeerde, en waar mijn streven naar uitging, gaf de Heere mij het voorrecht ridderlijk te mogen antwoorden, dat ik het verval van de Israëlitischen godsdienst hoe langer hoe duidelijker inzag; dat ik niet anders zien kon of vele profetieën op wier vervulling Israël immer nog wachtte, waren reeds lang vervuld; waarom ik niet nalaten kon om het woord des Heeren naarstig en ernstig te onderzoeken. Tevens wees ik op vele dingen, die door Israël streng in acht genomen worden, en wier verwaarlozing gerekend werd zonde te zijn. Nochtans kon, zeide ik, naar mijn mening aan die bepalingen hoegenaamd geen verbindende kracht worden toegeschreven, omdat in Gods Woord daaromtrent niets te vinden was. Zo wees ik onder andere op het verbod om zich te scheren of te laten scheren welk verbod wel aan de Nazireeërs, maar niet aan geheel Israël gegeven was. Ik herinnerde aan de bepaling om twee uur te wachten met melk te drinken, nadat men vlees of vleesspijzen had gegeten; aan het gebod om voor het eten de handen te wassen, enz. enz.

Toen tante deze dingen van mij hoorde, barstte zij in hevige toorn uit, en oordeelde, dat men mij op staande voet de deur moest uitwerpen, aangezien ik reeds zo goed als gedoopt was, en mij niets meer ontbrak dan het "Majim" dan het water. Hiermee duidde zij op spottende wijze aan dat ik nog wel niet gedoopt was, maar overigens reeds een volslagen afvallige, een volslagen christen was, hetwelk door de meeste aanwezigen toegestemd werd. Een hunner voegde er zelfs de liefelijke ontboezeming aan toe, dat het beter ware geweest dat ik als kind van acht dagen gestorven ware, dan dat zij zoiets van mij moesten beleven. Een ander meende, dat de Christenen, in wier omgeving ik nu al bijna 6 jaar had verkeerd, mij hadden verleid; dat deze mij nu wel zeer veel zouden beloven, maar mij, zodra ik slechts gedoopt was, weldra aan mijn eigen lot zouden overlaten, zodat ik dan van gebrek en ellende zoude omkomen. Een derde vulde het aan met de opmerking, dat ik mijn tijdelijk en eeuwig geluk verwoestte; maar dat het mij, ingeval ik naar hunnen raad wilde luisteren, aan niets zou ontbreken, aangezien zij tijdelijke goederen volop hadden, en daarvan ook mij wel wilden mededelen; alleen moest ik de dwaasheden, waar ik mij nu een tijdlang had mee bezig gehouden, laten varen.

Ziet, mijn waarde lezers, met zulke argumenten tracht Israël over het algemeen degenen, die in zijn oog van het ware geloof afdwalen, terecht te brengen. Men zou zeggen zij moesten veeleer alles hebben gedaan om mij uit Mozes en de profeten te overtuigen, dat ik een geheel verkeerde beschouwing had over God en Zijn dienst; maar neen! Geroepen, uitgeschreeuwd werd dit wel, maar bewezen werd het niet. Alleen één hunner, namelijk de heer M. Frank scheen te begrijpen, dat ik op die wijze onmogelijk voor het Jodendom behouden kon blijven; daarom sloeg hij een geheel andere toon aan, en sprak mij aldus toe: "Ach Eliëzer" zeide hij, "Luister slechts naar mij, want uw ooms en tantes razen en tieren, zonder te weten wat zij zeggen; ik begrijp echter geheel de zaak zeer goed. Gij kwam nu en dan bij onderscheiden Christenen, die met u over Christus en het Nieuwe Testament spraken. Daarover hebt gij nagedacht, de Schriften des Ouden Testaments onderzocht, en op Christus ze toegepast; maar die verstaat gij verkeerd; kom echter bij mij, ik zal er met u over spreken, en ik weet bepaald, dat gij mij volkomen gelijk zult geven".

Toen tante hiertegen wat wilde inbrengen, werd zij door Frank verzocht te zwijgen, die wederom naar mij zich wendde, en mij vriendelijk uitnodigde, hem de volgende dag te bezoeken.

Dit zachte woord had mijn gebeente gebroken. Zo gebroken, dat ik geheel en al voor hem ingenomen was, en beloofde aan zijn vriendelijke uitnodiging te zullen voldoen.

Nadat dit belangrijk gesprek ruim 2 uur had geduurd, begaf ik mij naar mijn zuster, voor wie ik mij wel niet behoefde te verantwoorden, maar die evenwel niet minder gevoelig mij trof. De snaar die zij aanroerde was echter van veel tederder aard.

Terwijl zij over het onderhoud, hetwelk pas had plaats gevonden met mij sprak, gaf zij haar vrees te kennen, dat het met mij wel op Christen worden zou uitlopen, en dat zij dan in korte tijd twee geliefde panden had te betreuren. Moeder, die voor enige dagen het tijdelijke met het eeuwige had verwisseld, en mij, die ze dan ook niet anders als gestorven en begraven kon beschouwen, terwijl ze mij dan niet meer als broeder zou kunnen erkennen.

Die woorden sneden mij door de ziel, en veroorzaakten mij vrij wat meer pijn, dan het schelden en razen van straks; zij ontlokten mij de betuiging, dat ik op dit ogenblik nog aan geen Christen worden dacht, om reden ik nog veel te weinig van de persoon van Christus wist, en daarom voor geen schatten ter wereld zulk een stap zou willen doen. In één adem voegde ik er echter bij, dat ik niet wist welke weg de Heere met mij zou houden; maar dat, als ik mij door de waarheid mocht gedrongen gevoelen om ooit ofte immer te doen datgene waarvoor zij vreesde, ik het dan ook niet laten mocht. Hierop legde ik ook even later nog nadruk toen ik met haar toestemming luid in de Bijbel las, en bij een vers, hetwelk mijns inziens op Christus zag, haar vroeg of ik, ingeval ik vastelijk geloofde, dat dit vers voorzegd was van Christus, wel Israëliet blijven kon en mocht. Terwijl uit dit gezegde door haar de gevolgtrekking gemaakt werd, dat ik in mijn hart reeds Christen was, oordeelde ik het beste, voorlopig er maar niet meer met haar over te spreken, en begaf ik mij naar een ander lid van de familie, waar natuurlijk weer hetzelfde onderwerp ter tafel kwam, en ik verslag moest geven van hetgeen er ten huize van mijn oom plaats gevonden had.

Toen ik de volgende morgen ontwaakte, genoot ik het voorrecht om - volgens Joodse tijdrekening - mijn 21ste levensjaar te hebben bereikt; voor welk voorrecht ik de Heere wel stamelend, maar toch ook van harte danken kon.

Innig was ik verblijd, dat ik nu een andere keuze in mij gevoelde, dan vroeger; terwijl ik de Heere smeekte, dat Hij mij in die keuze wilde sterken, en mij in het licht Zijns aanschijns mocht doen wandelen.

Nadat ik des voormiddags, volstrekt niet met een sterke begeerte, maar veel meer om de vreze der Joden naar de Synagoge was geweest, ging ik des namiddags volgens afspraak naar de heer Frank, die gelijk zich denken laat, mij zeer vriendelijk ontving en de studie waarmee hij bezig was, bij mijn komst dadelijk staakte.

Op mijn vragen gaf hij mij een antwoord, dat mij wel niet ten volle bevredigde, maar toch, door de vriendelijke toon, waarop het gegeven werd, voor hem innam, terwijl hij bij verschil van opvatting, mijn zienswijze die natuurlijk in zijn oog zeer verkeerd was, aan onbekendheid met de leer van de Talmoed toeschreef. Zo ging het onder andere ook met Jesaja 53, dat hij op Israël toepaste; dit klonk mij wel vreemd in de oren, maar kon toch niet afdoende door mij weerlegd worden, althans niet zo afdoende, dat ik de zwakke punten in zijn redenering genoegzaam gevoelde, en ik mij aan de opvatting, die ik tot dusver voor de ware had gehouden, genoegzaam kon vastklemmen. Daardoor kwam de gedachte bij mij op, dat het toch wel mogelijk was, dat ik mij vergissen - en Abraham Frank gelijk hebben kon. Zo ging het mij ook met Spreuken 8; dat ik graag door mijn raadsman uitgelegd zag. Geredelijk werd daaraan voldaan; hoe vreemd echter hoorde ik op, toen ik vernam dat hij dit hoofdstuk, met name vanaf het 22ste vers op de wet toepaste. Dit kon ik onmogelijk toegeven om reden er ook in getuigd wordt: "die Mij vindt, vindt het leven, en trekt een welgevallen van de Heere". Reeds had de Heere mij te veel licht én over de waarheid, én over mijn eigen hart geschonken, om nog te kunnen menen, dat de wet ons behouden, ons het leven schenken kan. Ik gaf dit ook onbewimpeld te kennen; maar ook hiertegen werden zoveel getuigenissen uit de Talmoed aangehaald, dat ik er letterlijk in verward raakte, en in het laatst niet meer wist wat ik moest geloven.

Er was dus een bres in de muren geschoten; nog slechts één aanval en de veste kon worden genomen. Die aanval was van bijzonder gevoelige aard; ik bezweek er dan ook ten volle voor. Ik werd namelijk gewezen op de voorrechten die Israëls volk steeds had genoten; hoe wonderlijk God het had geleid; hoe het het oudste volk der wereld was, en welk een schone toekomst nog voor hem lag, wanneer het eenmaal, met de Messias in zijn midden, in Kanaän als het volk van Jehova zou schitteren. Daarbij herinnerde mij de heer Frank aan mijn brave ouders, die altijd zulke vrome Joden waren geweest, en welk een schande ik over hen zou brengen, indien ik ooit of immer mijn geloof zou verlaten.

Dit was voor mij teveel; het beeld mijner innig geliefde en onvergetelijke moeder stond mij levendig voor de geest; pas had ik achter haar kille overblijfselen bittere tranen gestort; en nu zou ik misschien iets doen, waarover zij nog veel bitterder zou wenen; neen, dat mocht, dat kon ik niet doen. Ik gaf de heer Frank de hand, beloofde mijn te ver gedreven en diepzinnige ideeën te zullen laten varen, met Christenen niet meer over godsdienstige zaken te zullen spreken, en weer even als vroeger mij aan de godsdienst der vaderen te zullen houden; iets, dat natuurlijk niet alleen in het huisgezin waar ik mij bevond, maar ook bij mijn familie, aan wie ik mijn noodlottig besluit zo spoedig mogelijk meedeelde, grote blijdschap verwekte.

Ook ik zelf gevoelde mij een ogenblik als verruimd, omdat ik nu uit een zware strijd verlost en tot zekerheid gekomen was. Maar deze verruiming duurde niet lang. Wat dan; kreeg ik wellicht berouw over de zo-even afgelegde belofte? Was dat slechts zo geweest! Maar helaas neen! integendeel; ik kreeg berouw, dat ik als Israëlitisch jongeling reeds zover van het Israëlitisch geloof afgeweken was, dat ik mij ingelaten had met Christenen en door hen mij op een doolweg had laten brengen; ik meende inderdaad geheel verkeerd te hebben gedaan, waardoor ik zeer beangst en benauwd werd, en niet wist wat ik moest beginnen. Die benauwdheid werd nog heviger toen ik dacht aan mijn terugkeer naar Emlenkamp, waardoor ik dan dadelijk weer met de christenmensen moest omgaan, en mij aan hun invloed niet zou kunnen onttrekken; ik vreesde dat ik tegenover hen niet standvastig blijven, en zodoende de pas afgelegde belofte weldra weer breken zou.

In deze verlegenheid nam ik ijlings de toevlucht tot de heer Frank, voor wie ik mijn hart uitstortte, en die ik vriendelijk om raad vroeg, terwijl ik op hartstochtelijke wijze uitriep: 'Abraham, Abraham! Geef me toch raad, hoe ik van deze zaken zal worden verlost'!

Toen hierop geantwoord werd, dat ik er mij eenvoudig niet mee bemoeien moest, stelde ik hem de moeilijkheid daarvan voor; en inzonderheid wees ik er op dat de Christenen er weer met mij over zouden spreken, en ik mij dan ook behoorlijk had te verantwoorden.

Wel, dan moest ik maar juist zeggen zoals het was, namelijk dat ik nu ten volle inzag, dat de Joodse godsdienst de ware was, en ik daarom mij om geen andere had te bekommeren; en dat ik alles, wat ik vroeger over Christus en Christendom ook gedacht had, nu als dwaling beschouwde.

Voor deze raad was ik zo dankbaar, dat ik met tranen in de ogen afscheid nam, verheugd, dat ik nu licht over de vraag omtrent de Messias en rust voor mijn hart gekregen had. Dat dit licht enkel dwaallicht, en die rust een valse rust was, kon ik natuurlijk toen niet inzien; om reden ik voor dat ogenblik als met blindheid was geslagen. Zo blind was ik, dat, toen ooms en tantes de volgende morgen bij mijn terugreis naar Emlenkamp mij vroegen, of ik voortaan nu goed wilde oppassen, dat wil zeggen naar Joodse wijze onberispelijk zou leven, ik dat met een onvoorwaardelijk "ja" beantwoordde. En toen een hunner zei: "ja, met de mond kunt gij dit wel beloven", liet ik er onmiddellijk op volgen: "neen tante, met het hart"!

Ja, met het hart helaas, kon ik voor dat ogenblik die belofte afleggen, omdat ik in alle ernst meende, wat ik aan Frank had beloofd en dus vastelijk besloten had, om het onderzoek, waarin ik in de laatste weken bezig was geweest, voor goed te staken.

Met diepe weemoed, met innige smart denk ik aan die noodlottige dag terug; aan de dag, waarop ik, ja in onwetendheid, van de goede weg ben afgeweken; maar die toch, had God het niet verhoed, een dag voor mij had kunnen worden, waaraan ik niet anders dan met eeuwig naberouw zou hebben kunnen denken.

O, wat is de mens, als God de Heere hem een ogenblik aan zijn eigen dwaasheid en blindheid overlaat; als Jehova niet voortdurend met Zijn heillicht hem bestraalt. Heb ik ooit geleerd, dat wij Zijn voorkomende, medewerkende en achtervolgende genade ieder uur en ogenblik nodig hebben, dan was het op het Israëlitisch Pinksterfeest van het jaar onzes Heeren 1861.

Of ik er gemakkelijk onder verkeerde; of ik mij in de rust, die ik aanvankelijk genoot, lang kon verheugen? Gelukkig niet; al zeer spoedig kwamen allerlei vragen en bedenkingen in mij op; het was alsof de Geest des Heeren met mij twistte en de Heere al dadelijk mij wilde tonen, dat Hij mij nog niet had losgelaten. Was het niet een bewijs van voortdurende bemoeiingen Gods met mij, dat een stem in mijn binnenste tot mij sprak, die tot mij zeide: dat, als ik mijn vorige weg weer bewandelde, het dan gewis niet goed met mij afliep; niet een bewijs Zijner ondoorgrondelijke liefde, dat ik wel wilde, maar mij niet uit het geheugen zou wissen, hetgeen ik aan de heer Frank had beloofd?

Nee, de weg van Coevorden naar Emlenkamp viel mij alles behalve gemakkelijk; nu eens stuitte ik op het een, dan weer op een ander bezwaar.

"Wanneer ik", zo dacht ik soms, "mij verder aan ernstige overpeinzingen over dood en eeuwigheid overgeef, zoals ik nu heb gedaan, dan zou ik nog best krankzinnig kunnen worden, gelijk het wel meer geschied was met mensen, die zich met godsdienstige vraagstukken te diep hadden ingelaten; dan ben ik niet alleen voor dit leven ongelukkig, maar zou ik ook onmogelijk God kunnen dienen; waarom het genomen besluit mij volstrekt niet behoefde te berouwen".

Maar als het dan eens waar was, wat ik nu sinds enige maanden heb overdacht, en waaromtrent ik zo ernstig werkzaam ben geweest; als de Messias inderdaad eens gekomen was, en ik derhalve als Israëliet naar het vlees, dit is als verwerper van die Messias onmogelijk zalig zou kunnen worden, wat dan? Dan was ik niet beter dan mijn voorouders, die dan natuurlijk ook verloren waren gegaan, niet beter dan al mijn geloofsgenoten, voor wie de zaligheid dan even onmogelijk zou zijn, als voor mij.

"Zou echter", zo vroeg ik verder mijzelf af, "mijn oordeel niet veel zwaarder zijn dan het hunne, om reden ik veel meer verlicht ben geweest"?

"Geenszins", was het tot valse rust en valse vrede stemmend antwoord; "immers zou ik mij in de dag der dagen voor de Rechter van hemel en aarde op goede gronden kunnen verantwoorden, en zeggen, dat ik het niet helpen kon in het Jodendom geboren en opgevoed te zijn; en dat ik, jawel, eens aan de waarheid van het voorvaderlijk geloof heb getwijfeld, maar het nimmer heb durven wagen dat geloof te verloochenen, uit vrees een geheel verkeerde stap te zullen doen; uit vrees, dat ik zou zondigen tegen God".

Zo werd de ene redenering uit de andere geboren, de ene zonde bij de andere gevoegd en werd het ook in mij, helaas! op maar al te treurige wijze duidelijk, dat de mens het in het zoeken van vonden waarlijk ver heeft gebracht.

Met zulke overleggingen thuis komende - nog zie ik mijn patroon achter de toonbank staan, - werd mij door hem al dadelijk gevraagd hoe het gegaan was en of mijn familie boos of goed op mij was, waarop ik hem geheel de toedracht der zaak meedeelde.

Deze afloop verbaasde hem zeer; om reden hij wel wist, dat ik met geheel mijn hart het onderscheid tussen waarheid en leugen had onderzocht, en dat ik mij bepaald aan hen die als "fijnen" bekend stonden nauw verbonden had gevoeld; waarom het hem wel wat ongelooflijk voorkwam, dat ik nu geheel en al op de oude weg teruggekeerd was; tegenspreken kon hij het evenwel niet, en zo beruste hij daarom in hetgeen ik hem had verteld. Zijn vrouw moest er echter meer van weten; daarom kwam zij met de besliste vraag tot mij wat ik dan nu was Jood of Christen, waarop ik het niet minder besliste, maar tevens ontzettende antwoord gaf: "IK BEN JOOD, IK BLIJF JOOD, EN IK STERF JOOD"! en om te doen zien, dat ik dit werkelijk meende, liep ik ijlings naar boven om de twee, reeds vroeger gekochte Nieuwe Testamentjes, uit mijn kist te nemen, om ze voor hun ogen te verbranden.

IJzingwekkende toestand! niet waar, waarin ik nu mij bevond; o had de Heere mij losgelaten, hoe diep zou ik zijn gezonken, want van kwaad tot erger zou ik zijn voortgegaan, totdat ik in de jammerstaat ware gekomen, waaruit ik nimmer verlost had kunnen worden.

Zijn genade bewaarde mij echter, dat ik mijn hand niet sloeg aan Zijn dierbaar en heilig Woord; niet dat ik onmiddellijk tot inkeer kwam, dat het mij speet zulke snode plannen te hebben gekoesterd; helaas, neen! daar dacht ik voor dat ogenblik niet aan; of liever gezegd, daar wilde ik niet aan denken; maar het was alsof ik, toen ik voor mijn kist stond, en gereed was om de boekjes er uit te nemen, eensklaps terug gehouden werd, waarbij ik dacht, dat die boekjes toch geld hebben gekost, en dat ik tot verbranden altijd nog gelegenheid zou hebben.

Omdat ik van dit snode plan geen enkel woord had te kennen gegeven, zo bleef natuurlijk geheel de toeleg onopgemerkt, en ben ik van achteren wat blij geweest, door de Heere voor deze euveldaad te zijn bewaard. Immers aan zulk een heiligschennis zou ik nooit anders dan met diepe droefheid hebben kunnen denken, gelijk nog immer het reeds gevormde plan, ja geheel de geschiedenis, die tot dit plan aanleiding heeft gegeven, met bittere smart mij vervult, en met diep leedwezen doet denken aan de dagen, die ik toen heb beleefd. Omdat echter de genade des Heeren door deze afval zo schitterend te voorschijn is getreden, en er zo daghelder door bewezen is, dat Hij nooit laat varen het werk Zijner handen, mag dit gedeelte mijner levenservaring in deze bladzijden geenszins ontbreken, en moeten mijn geachte lezers weten hoe het verder is gegaan.

Een zware taak ruste nog op mijn schouders, namelijk om van Ds. Moolhuizen af te komen. Die man had mij immers zo vriendelijk ontvangen, en zo trouw mij ingelicht omtrent alles wat ik zijn eerwaarde had gevraagd, zodat het mij al te onbescheiden voorkwam om zo stil van hem weg te blijven. Dat ik er niet weinig tegen opzag om er heen te gaan, laat zich gemakkelijk denken, om reden ik én voor zijn verdere vriendschap moest bedanken, én zijn verwachting moest beschamen.

Hoewel schoorvoetend, toch ging ik naar zijn eerwaarde toe, die natuurlijk dacht, dat ik hem kwam meedelen hoe ik voor de waarheid gestreden had en in mijn overtuiging versterkt was geworden. Hoe vreemd, hoe bedroevend moet het hem daarom wel niet in de oren geklonken hebben, toen hij moest vernemen, dat ik, nu beter ingelicht, vast geloofde, dat de Messias nog komen moest en ik daarom weer zou leven zoals ik voor enige maanden had gedaan, terwijl ik hem voor de bewezen vriendelijkheid vriendelijk dankte.

Wat die eerwaarde leraar in dit ogenblik wel moet hebben gevoeld, kunnen zij het best beoordelen, die met zorg en liefde enige tijd een plantje hebben gekweekt, en in zijn wasdom zich hebben verheugd, maar het eensklaps door een boze hand zien uitgeroeid of vertreden.

Hoe deze trouwe herder in dit ogenblik zich gevoelde, weet ik natuurlijk niet; maar wel weet ik dat hij mij ernstig vermaande, en mij wees op de rampzaligen toestand, die ik tegemoet ging, indien ik in mijn voornemens volhardde, terwijl hij met allen ernst mij aanspoorde, om de Heere te bidden, dat Hij mij met Zijn licht wilde bestralen.

Nu ja, dat hoorde ik wel, maar liet het voor hetgeen het was; niet weinig verblijd, dat ik weldra de deur weer uit was, in de gedachte er niet anders dan voor handelszaken er weer in te zullen gaan.

Zo was ik dan nu geheel en al weer de oude knecht, die vrolijk en luchtig over alles heenliep, de Naam des Heeren helaas weer even als vroeger durfde misbruiken, en die in alles toonde, dat, hetgeen ik te Coevorden beloofd en aan mijn patroon en zijn vrouw gezegd had, inderdaad ernstig door mij was gemeend. Wel sprak soms mijn geweten; die stem echter trachtte ik tot zwijgen te brengen door de gedachte, dat ik nu niet "fijn" meer was, en ik derhalve nu wel weer licht en lucht mocht wezen.

Hoe dwaas, niet waar? Alsof ik nu voor een andere God moest verschijnen, dan wanneer ik de gevoelens der Christenen deelde; en alsof ik nu naar een andere maatstaf werd beoordeeld dan voor enige dagen. Het was echter de praktijk van mijn arglistig hart, dat mij op valse gronden gerust wilde stellen; het waren listen des satans, die mij graag in zijn strikken wilde houden.

De Heere echter wilde mij niet aan mijn dwaasheid en blindheid overgeven; Hij had gedachten des vredes over mij en niet des kwaads, zodat Hij mij te sterk werd en op mijn doolweg mij weer staande hield.

Het was des donderdags van diezelfde week, waarin ik van Ds. Moolhuizen als het ware afscheid genomen had, dat ik van een zeker werk erg vermoeid en warm was, en een ogenblik uitrustte, toen mij, terwijl ik nederzat, eensklaps inviel hoe benauwd en beangst de verdoemden in de hel het toch wel moeten hebben en hoe het mij wezen zal indien ik daar ook eens kwam.

"Maar neen", redeneerde ik hier al spoedig tegenin, "ik kom nu niet in het verderf; indien ik nog met de zaken der Christenen mij bemoeide, indien ik afvallig was geworden van mijn geloof, ja, dan zou zeker mijn lot allerbedroevendst zijn; nu echter kon ik de toekomst blijmoedig tegen gaan en zou met alle oprechte Joden het land der belofte eenmaal beërven.

Deze redenering gaf mij echter geenszins rust en voldoening; het was alsof ook nu de Geest des Heeren weer met mij twistte; en dat deed Hij zeker, want Hij wilde mij niet loslaten, maar veeleer op de weg der gerechtigheid terugbrengen. Toen ik mij zo vleide, dat ik van de helse straf wel verschoond zou worden; mij in het verwerpen der waarheid, zoals ik die sinds enige maanden had gezocht, gelukkig achtte; en in de veronderstelling leefde, dat nu alles in rust en vrede was, werd ik bepaald bij datgene wat God mij tot dusver had geschonken, en wat de wens mijner ziel was geweest.

Ik begon er over na te denken, hoe ik niet maar voor de schijn, maar uit oprechte begeerte de waarheid had onderzocht; hoe ik overtuigd was, dat tal van teksten in de Heere Jezus vervuld waren; hoe ik God in Zijn heiligheid en rechtvaardigheid althans enigszins had leren kennen; hoe goed ik, alreeds voor jaren, van vele dwaasheden van het Jodendom overtuigd was; hoe innig ik mij aan het volk van God verbonden had gevoeld, en hoe ik de Heere vurig en gedurig om licht en uitkomst had gesmeekt. Dat alles vergeleek ik met de gevoelens, die mij sinds afgelopen maandag bezielden, waardoor het mij zo duidelijk werd als de dag, dat het mij vroeger beter was dan nu, en dat ik niet toen, maar wel nu op een dwaalweg mij bevond.

O, wat werd het mij toen bang, want nu meende ik, dat er onmogelijk uitkomst meer voor mij was. Graag, heel graag was ik dadelijk teruggekeerd; heel graag zou ik voor Ds. Moolhuizen mijn schuld en zonde hebben beleden; daartoe ontbrak mij echter de gelegenheid, en dat durfde ik, in de eerste ogenblikken ook nog geenszins wagen. Diep gevoelde ik berouw over datgene wat ik in Coevorden beloofd en aan mijn huisgenoten meegedeeld had; diep berouw over mijn afval van God.

Graag had ik gebeden en mijn schuld voor de Heere beleden, maar ook dit durfde ik niet wagen; althans niet om bepaald mijn knieën voor de Heere te buigen, of ook maar geregeld, zonder juist te knielen, tot Hem te bidden. Evenwel veronderstel ik, dat er meer dan ik weet, verzuchtingen opgingen tot de Heere al was het ook maar met een enkel: "O, Heere help! O, Heere geef licht"!

In deze toestand bleef ik tot laat in de avond, tot kort voor middernacht; toen ik, nadat mijn huisgenoten zich reeds ter ruste hadden begeven, nog naar Ds. Moolhuizen vluchtte, wie ik in de loop van de avond, door middel van zijn trouwe Geziena, van mijn voorgenomen komst had verwittigd.

Hoewel het reeds bij middernacht was, en men bij Ds. Moolhuizen mij niet meer verwacht had, werd ik nochtans even liefderijk als immer te voren door zijn eerwaarde ontvangen, voor wie ik nu geheel mijn hart uitstortte.

Wat zou die man anders nu doen, dan mij er op wijzen om tot God mijn toevlucht te nemen; Hem om vergeving van zonde, en om standvastigheid in de waarheid ernstig te smeken? Ik echter maakte bezwaar om te bidden, en gaf mijn vrees te kennen dat ik tegen de Heiligen Geest gezondigd zou hebben, omdat ik tegen beter weten in was gegaan. Toen echter mij de weg des Heeren bescheidenlijk uitgelegd, en mij aangetoond was, waarin de zonde tegen de Heiligen Geest bestaat; aangetoond was, dat iemand, die deze zonde had bedreven, nimmer berouw over dezelve gevoelde, schepte ik weer ruimer adem, om reden het mij o zo diep smartte, de weg der gerechtigheid, zij het ook maar voor enkele dagen, te hebben verlaten. Niets zou ik liever gewild hebben, dan die dagen uit mijn geheugen te kunnen wissen, of ongedaan maken, hetgeen ik toen heb bedreven.

Bovendien werd mij, nadat Dominee over mijn zielstoestand met mij gesproken en bepaald enige vragen gedaan had, door zijn eerwaarde de verzekering gegeven, dat, indien ik zo gesteld was, als hij nu van mij had vernomen, ik de gevreesde zonde dan niet had bedreven. Nadat hij mij nogmaals tot ernstig bidden en nauwkeurig onderzoek aangespoord had, keerde ik weer huiswaarts, en gevoelde mij een geheel ander mens, dan enige ogenblikken te voren. Nu durfde ik weer vrijmoedig naderen tot de troon der genade, waaraan ik ook dringend behoefte gevoelde; behoefte om schuld te belijden, vergeving te smeken, en te bidden, dat de Heere mij voortaan bewaren wilde om niet meer te worden geslingerd, en om te alle tijde vrijmoedig voor Zijn naam en zaak uit te komen.

Kan ik, gelijk uit het meegedeelde genoegzaam gebleken is, aan dit deel mijner levensgeschiedenis, niet anders dan met droefheid denken, aan de andere zijde kan ik weer niet genoeg bewonderen de trouw en de genade des Heeren, die ook deze treurige toestand voor mij heeft doen medewerken ten goede. Niet alleen toch werd ik sinds dien tijd standvastiger om voor de behoefte mijns harten uit te komen, maar ook werd ik aan mijzelf hoe langer hoe dieper ontdekt.
Het behaagde de Heere om mij meer en meer met mijzelf bekend te maken, en mij mijn verloren toestand klaarder te laten zien. Het was alsof mijn zonden dagelijks meerder werden en al mijn doen bij de handen mij afbrak. Dat was natuurlijk een diepe teleurstelling; maar een teleurstelling, die volstrekt noodzakelijk was en waarvoor ik van achteren de Heere niet genoeg kan danken. Immers het bewustzijn van onze verdoemelijke toestand voor God is volstrekt noodzakelijk om naar de verlossing in Christus meer te verlangen en om in de weg van vrije genade te worden behouden.
Meer en meer deed de Heere mij dan ook zien, wie ik was; hoe al mijn werken, de beste niet uitgesloten, met zonde waren bezoedeld, en dat ik niets, hoegenaamd niets had aan te wijzen,

dat ik bij Hem in rekening kon brengen. Het ging mij zoals wij bij Ezechiël vinden geschreven: hoe dieper ik groef, hoe meer gruwelen ik vond.

De weg om door iets van mijn zijde behouden te worden was alzo volkomen afgesneden; dit geloofde ik met alles wat in mij was; want niet alleen las ik het op bijna elke bladzijde der Heilige Schrift, maar ook leerde ik mijzelf meer en meer kennen als een bedorven Syriër, als onbekwaam, zoals de Catechismus zegt, tot enig goed, en geneigd tot alle kwaad.

Neen, nu verwonderde ik mij niet meer, zoals ik de eersten zondagavond bij Ds. Moolhuizen had gedaan, over de klacht der Christenen, dat hun hart zo bedorven was; en dat zij niet tederder voor de Heere konden leven; die klacht kon ik nu o zo goed verstaan, en moest ik menigmaal zelf uiten.

Dit gezicht wekte natuurlijk hoe langer hoe helderder het bewustzijn in mij, dat alleen Gods ontferming en genade mij redden kon. Immers alles was aan mijn zijde afgesneden; noch mijn geboorte uit Joodse ouders; noch mijne goede werken; noch mijn beste voornemens, gaven mij meer rust voor het hart, meer hoop voor de toekomst, want ik had door genade dat alles reeds leren kennen als '"ijdeler, dan de ijdelheid zelf".

Op die genade en ontferming te pleiten, was dan nu ook het enig rustpunt van mijn hart. Wel had ik nog niet het volle inzicht in het borgtochtelijke van de Messias en durfde ik dus ook de Heere Christus nog niet als zodanig erkennen; maar helder als kristal was het mij, dat ik alleen door genade kon behouden worden; evenzeer dat er wel tien teksten waren, die voor Christus als de ware Messias pleitten, tegen een die er tegen scheen te getuigen. Het spreekt vanzelf, dat in geheel de Heilige Schrift niet één enkel woord tegen Immanuël is gericht; in de dagen waarvan ik nu echter spreek was ik, zoals gezegd is, nog niet ten volle overtuigd van de waarheid in Christus; zodat ik wel eens uitdrukkingen vond die naar mijn mening aanwezen, dat de Messias nog niet gekomen was. Zulke gezegden vond ik echter in deze tijd niet zo heel veel meer, zodat ik niet ver meer was van het geloof, dat alleen in de Heere Jezus alle heil en zaligheid is te vinden.

Dientengevolge was het mijn innige en gedurige bede, dat de Heere toch mijn zonden vergeven en mij genade bewijzen wilde en dat, indien Christus de Messias was Die aan de vaderen was beloofd, en indien Die alleen ons kon redden, ik dan toch in Hem mocht geloven, teneinde ik in de wegen des Heeren wandelen en volkomen vrede voor mijn hart smaken mocht. Ook heb ik meermalen het gebed des Heeren gebeden. Ik deed dit in de Hebreeuwse taal, terwijl dit voor mijn gevoel veel aangenamer was dan in het Hollands. Dit formuliergebed was echter geen blote of dode formule voor mij. Neen met diep gevoel en ernstig nadenken heb ik meestal bede voor bede geslaakt, vooral waar ik bad om vergeving van zonden.

Het was mijn innige begeerte en diep gevoelde behoefte om in de waarheid meer licht te ontvangen, en voor de Heere te leven, hetwelk ik, nu hier, dan daar, nu op de ene, dan op de andere wijze, van de God des levens heb gesmeekt.

Hoe vele malen heb ik mijn knieën gebogen, mijn begeerte de Heere bekend gemaakt; nu eens in de schuur, dan eens in de kelder of op zolder heb ik mij gedrongen gevoeld om mij af te zonderen, of heb ik onder mijn werkzaamheden de Heere om de vervulling mijner behoefte gevraagd. Dit was mij veeltijds een ware verruiming, een ademtocht der ziel, waarbij ik toen reeds de waarheid ondervond van hetgeen 20 jaar later op het eeuwfeest der zondagscholen is gezongen:

"Het gebed is de toevlucht, de steun en de kracht.
Het leven van hem, die verhoring verwacht".

Te kunnen bidden tot God, te kunnen spreken met Zijn volk, en te kunnen denken over Zijn wegen, was toen mijn grootste vermaak, en ook inderdaad mijn dagelijks werk.

Omdat ik de Heere Jezus nog niet als de Messias durfde erkennen, dus ook nog niet in een Drie-enig God geloofde, en ook evenmin een Drie-enig God durfde aanbidden, bad ik tot God, als de God van Abraham, Izak en Jakob; hetwelk ik natuurlijk met de meeste vrijmoedigheid heb durven doen, en waardoor ik, van achteren beschouwd, toch, zij het dan ook onbewust, tot de Drie-enige God heb gebeden; want de God van Abraham, Izak en Jakob is geen ander God dan Vader, Zoon en Heilige Geest; de trouwe Verbondsgod van al Zijn volk, de Hoorder der gebeden, en de Helper uit ellenden van allen, die tot Hem komen, en op vrije genade alleen pleiten, gelijk ook ik heb mogen ervaren, zoals verder zal blijken.

Die gebedsverhoring was al dadelijk op te merken in de hartelijke toegenegenheid, ja innige gehechtheid, waarmee ik mij aan het volk des Heeren verbonden gevoelde, en in het sterk verlangen dat mij bezielde om de godsdienst der Oudgereformeerden bij te wonen.

O, hoe brandde mijn hart van vurig verlangen, om ook eens weer onder de prediking der zuivere waarheid op te mogen gaan; hoe achtte ik de mensen gelukkig, die elke zondagmorgen uit de omliggende gehuchten naar Emlenkamp kwamen toestromen, om de geliefde leraar te kunnen horen; en hoe sloeg ik van schaamte de ogen neer, wanneer ik het volk, waarmee ik zo graag had willen spreken en willen opgaan, in mijn dagelijkse bezigheden tegenkwam of voorbij onze deur zag gaan.

Alsof het op de dag van gisteren is gebeurd, zo levendig staat het mij nog voor de geest, hoe ik wegens de warmte met open deur werkzaam was, en het volk tempelwaarts zag spoeden, en het bijna niet uitstaan kon, dat ik niet met hen kon gaan, maar in mijn bezigheden werkzaam moest wezen.

Er was echter niets aan te doen; ik was dienstbaar, en moest mij, gelijk vanzelf spreekt, aan de orde van het huisgezin en aan de Joodse inzettingen onderwerpen. Zoveel ik echter kon, hetzij des zondagsavonds, hetzij in de dagen der week, zocht ik de vromen op, die, dank zij 's Heeren ontfermende genade, in alle hoeken van het dorp, en rondom hetzelve te vinden waren, en in welks midden ik menig aangenaam ogenblik gesleten heb. Dat was dan althans enigermate een vergoeding voor het genot, hetwelk ik des zondags moest ontberen, daar mij menige goede wenk gegeven werd.

Het is toch maar waar, dat wij, als wij pas op de weg komen, nog zeer onervaren zijn in het woord der gerechtigheid; dat wij dwaallicht dikwijls voor starren aanzien en indien God het niet verhoedde, in blinde ijver menigmaal daden zouden doen, die ons later diep zouden berouwen, en waardoor niet zelden de vijanden aanleiding zouden krijgen, om de naam des Heeren te lasteren.

Maar:

 De Heer' verlost en spaart
 Zijn volk, dat op Zijn hulp vertrouwt,
 Het zal door Hem in gunst beschouwd,
 Niet schuldig zijn verklaard.

Aan die verlossende en sparende liefde des Heeren heb ook ik het te danken, dat ik onder andere door ervaren Christenen aangedrongen werd om niet te lang op de gezelschappen te blijven, en mijn werkzaamheden zo stipt mogelijk te verrichten, ook al moest ik menig genot er door ontberen. Die wenken waren mij toen een zeer groot raadsel, waarom ik ze lang niet altijd kon billijken; van achteren was en ben ik er echter o zo dankbaar voor, en zie ik duidelijk in, dat er in de beginne van de bekering des mensen meestal vreemd vuur op het altaar is. God is een God van orde, Die wil, dat wij onze roeping getrouw zullen behartigen; en dat wij tonen, dat, naarmate de godzaligheid meer door ons wordt bemind, wij ook meer met al onze macht doen, wat onze hand immer zal vinden.

Zo had dan door de goede hand des Heeren over mij, datgene wat men te Coevorden ten kwade gedacht had, nochtans een goede uitwerking op mij; al blijft het waar, dat ik nog immer met smart terugdenk aan de strikken, die mij daar werden gespannen, en waarin ik, helaas een dag of vier verward heb gezeten. De Heere zelf maakte echter die strikken genadiglijk los, zodat de gevangen vogel weer vrijelijk kon ademen en zijn wieken evenals tevoren, weer onbelemmerd kon uitslaan. Ja, de Heere gaf meerdere genade, aangezien ik sinds die tijd veel vrijmoediger voor Zijn naam en zaak uitkwam, en ik aan de bewarende hand des Heeren veel meer behoefte gevoelde.

Een natuurlijk gevolg van die meerdere vrijmoedigheid was echter, dat mijn patroon diep met mij teleurgesteld was; waarover hij onverholen zijn misnoegen te kennen gaf. Trouwens, dit was op zijn standpunt geenszins te verwonderen.

Immers had ik, van Coevorden teruggekeerd, hem en de zijnen meegedeeld hoe het bij mijn familie was gegaan; hoe ik beloofd had, mij aan bespiegelingen van de Christelijke Godsdienst niet meer te zullen overgeven, maar voortaan als een onberispelijk Israëliet te leven. Ik had plechtig betuigd, dat, hetgeen ik beloofd had geen lippenwerk, maar hartetaal was; en nu was ik weer zo spoedig op het oude doolpad teruggekeerd; ja scheen nog veel sterker naar afval te neigen, dan immer te voren.

Is het wonder dat het voorhoofd van de anders zeer beminnenswaardige en mij toegenegen patroon, zich fronste, en dat hij zijn verontwaardiging in zeer sterke bewoordingen lucht gaf? Is het wonder, dat hij mij beschouwde als iemand die hem maar wat wijs had willen maken; als iemand, op wiens woorden men volstrekt niet rekenen kon, en dat hij dientengevolge mij dreigde te ontslaan? Laat het zich niet ten volle verklaren, dat het harde woord hem ontviel, dat men iemand, die in godsdienstige zaken een huichelaar was, nog veel minder in tijdelijke zaken vertrouwen kon. Hij zou echter wel weten wat hem te doen stond, namelijk andermaal met mijn familie over mij spreken, die dan wel maatregelen zouden nemen, om mij van mijn dweepzucht te genezen.

Dat hij dit werkelijk heeft gedaan, werd ik dan ook maar al te spoedig gewaar, toen ik de boodschap ontving om wederom te Coevorden te komen; waar ik o zo weinig zin aan had, maar waaraan ik niet kon ontkomen. Dit werd mij nog te moeilijker gemaakt, doordien de herinnering aan de sterfdag van mijn vader aanstaande was, en ik dan weer ter Synagoge moest gaan.

Op die dag wordt er weer, evenals gedurende 11 maanden van het sterfjaar, Kaddisch gezegd. Nu was ik ten volle overtuigd dat dit Kaddisch zeggen, een ijdele ceremonie was, waarom ik er o zo erg tegen opzag, om deze formaliteit waar te nemen; toch ontbrak mij de vrijmoedigheid om dit ridderlijk te kennen te geven; en ging ik zo vroegtijdig op reis, dat ik nog aan de vooravond van genoemde herinneringsdag het gebed in de Synagoge kon bijwonen.

Met blijdschap reisde ik mijn weg wel niet, maar toch in veel betere gemoedsgesteldheid dan toen ik dezelfde weg de laatste maal van Coevorden naar Emlenkamp afgelegd had; toen had ik de belofte achtergelaten om aan niets van datgene, wat mij tot dusver had bezig gehouden mij meer te storen, nu brandde de begeerte in mijn hart, om in oprechtheid voor de Heere te leven; toen steunde ik op eigen kracht, nu zocht ik hulp bij God, Wien ik om licht en vrijmoedigheid vurig en gedurig smeekte; toen had satan mijn zinnen verblind, nu kon ik in vele opzichten tussen licht en duister vrij duidelijk onderscheiden.

Omstreeks 7 uur ten huize van mijn oom komende, trof ik tot mijn grote verwondering daar een van Neêrlands Opperrabijnen aan.

Nu durf ik niet vast zeggen, of men die leraar in Israël bepaald om mijnentwil ontboden had; ook niet of hij uit eigen beweging gekomen was; dat zijn eerwaarde echter omtrent mij ingelicht was, werd al zeer spoedig openbaar. Nauwelijks toch had de een de ander gegroet, en naar de welstand gevraagd, of bedoelde heer knoopte een gesprek met mij aan, waarin hij onder andere er op wees hoe het mijn dure roeping was herwaarts te komen om gedurig de Synagoge te bezoeken, terwijl te Emlenkamp daartoe de gelegenheid mij ontbrak. Maar dit zou ik, veronderstelde zijn eerwaarde ongetwijfeld ook wel doen, te meer terwijl het het treurjaar mijner moeder was en ik daarom als een echt Israëliet het Kaddischgebed verrichten moest.

Hoe onnozel, hoe opgesmukt niet waar? Alsof iemand, die een weinig mensenkennis bezit, niet dadelijk begrijpen kon, dat de heer Rabbijn wel anders wist dan hij sprak; begrijpen kon, dat de uitgesproken veronderstelling slechts voorgewend was, ten einde de onnozele jongeling te verschalken, en een antwoord hem te ontlokken.

Een mijner tantes voorkwam mij echter, en gaf de schijnbaar niets kwaads vermoedende Rabbijn de nodige inlichting, zeggende, dat ik niet veel lust in de Israëlitischen godsdienst betoonde, maar helaas liever over Christelijke zaken sprak, en mij voortdurend daarmede bezig hield.

Ja, dat was geen wonder, merkte de Rabbijn op; ik had ook veel te veel conversatie met de Christenen, die zeker wel eens met mij spraken over Christus en het Nieuwe Testament. Vast wist zijn eerwaarde het dus niet, zou men zo zeggen; wel neen, hij woonde immers elders, en was nu maar eens zo geheel toevallig te Coevorden, waar hem door niemand, ook niet door mijn vrome ooms en tantes van die aanstaande "Meschummad" te Emlenkamp ook maar iets was gezegd. Het was alles inspiratie van het ogenblik, hetgeen deze herder Israëls met een schaap zijner kudde sprak.

Het was natuurlijk ook louter toeval, volstrekt geen voorgenomen plan, dat die Afgescheidenen het ontgelden moesten; dat ik mij veel met deze mensen ophield was, ja, de Eerwaarden heer geheel en al onbekend. Het viel zijn eerwaarde maar zo uit de mond, dat die lieden altijd over de Bijbel spraken, waarbij zij dan altijd de profetische uitspraken verdraaien. Zo wordt onder andere - o, die Afgescheidenen! - ook Jesaja 7:14 door hen verdraaid, als zij deze tekst op Christus toepassen.

Op mijn verzoek om mij dan een juiste verklaring te geven, legde hij die aldus uit: "Het grondwoord, door maagd vertaald, wil zeggen: 'verborgen', waarom dit vers aldus moet worden gelezen: 'Ziet er gaat iets verborgens zwanger; namelijk er zal iets geopenbaard worden; al weet men nu nog niet wat het is, noemt zijn naam maar Immanuël 'God met ons'; want God zal die zaak wel doen uitkomen en ten goede besturen".

Hoe gezocht deze verklaring ook was, en hoe weinig ik mij er ook in kon vinden, er werd geen andere gegeven; waarom ik verzocht Jesaja 53 een weinig op te willen helderen. In plaats van dat aan dit verzoek werd voldaan, deed de heer Rabbijn mij de vraag: waarom ik in Jesaja studeerde, en of ik aan de 5 boeken van Mozes niet genoeg had.

Die vraag beantwoordde ik met een wedervraag, namelijk of het dan verboden was om in Jesaja te studeren, terwijl die toch ook tot het Woord des Heeren behoorde?

Zeker, mocht dat wel; maar die profeet was voor mij te zwaar en te duister, meende zijn eerwaarde; waarop onwillekeurig door mij werd ingebracht, dat ik dan des te meer de voorlichting van onze wijzen en geleerden nodig had. Dit had ten gevolge, dat men eindelijk dan ook begon te verklaren, waarbij geheel het hoofdstuk op Israël toegepast werd, en wel op deze wijze: Wanneer Israël naar Kanaän zal teruggekeerd zijn, dan zullen de Heidenen uitroepen: "Wie heeft geloofd, dat zulk een veracht volk weer tot zo grote heerlijkheid zoude komen; nu zien wij, dat aan hen waarlijk de arm des Heeren is geopenbaard". Het 2^e en 3^e vers zag op de verachting en verstrooiing van Israël, waarmee de verklaring een einde zou genomen hebben, had ik niet om opheldering verzocht ook van die verzen, waar de profeet zegt: "Hij is om onze overtredingen verwond, om onze ongerechtigheden is Hij verbrijzeld; de straf die ons de vrede aanbrengt was op Hem, en door Zijne striemen is ons genezing geworden".

Dit alles zag echter volgens de mening van de Rabbi op Israël, hetwelk namelijk om de zonden der Heidenen verstrooid en geplaagd was geworden, waardoor het de krankheden der volkeren gedragen heeft.

Het een scheen mij even ongeloofwaardig toe als het andere, zeer duidelijk inziende, dat dit de mening van de profeet niet zijn kon, waardoor ik in mijn overtuiging, dat die profetie op de Heere Jezus zag, niet weinig werd versterkt. Toch waagde ik nog een poging om ook over de laatste verzen van genoemd hoofdstuk de opvatting van de geleerde in Israël te vernemen; die poging mislukte echter geheel, doordien ik ten antwoord ontving, dat zijn eerwaarde zich niet als dienstknecht van mij wilde laten gebruiken, en het derhalve maar best was, dat ik mijn vragen staakte; waarbij enige gezegden uit de Talmoed aangehaald werden, om mij van mijn dweepzucht te genezen.

Toch had ik behoefte aan nog één vraag, namelijk of zijn eerwaarde mij ook vertellen kon, wat God aan zijn ziel had gedaan.

Deze vraag wekte niet weinig zijn verbazing. Wie toch had ooit zoiets onzinnigs gehoord! Nu immers wilde ik indringen in verborgene zaken, die door geen mens ter wereld opgelost kunnen worden. Hoe toch zouden de krachten en werkingen der ziel voldoende kunnen worden verklaard; die immers zijn onzichtbaar; zodat mijn vraag enkel voortkwam uit fantastische denkbeelden, hetwelk ook door mijn familie werd toegestemd. Ik daarentegen beriep mij op David, die er niet zo vreemd van scheen te zijn, aangezien hij in de 66ste psalm zegt: "Komt, hoort toe, o allen, gij die God vreest, en ik zal vertellen wat Hij aan mijn ziel gedaan heeft".

Maar ook hierop was alweer een antwoord gereed, en wel, dat wij ons niet bij David kunnen vergelijken, en al zijn gezegden ook niet kunnen uitleggen; waarom wij zodanige diepzinnige verzen voor de toekomst moeten overlaten. Bovendien was het nu weldra tijd voor de avondgodsdienst; had ik echter later omtrent een of andere duistere zaak inlichting nodig, dan mocht ik gerust schrijven, waarop dan zo spoedig mogelijk de nodige inlichting zou volgen; waarmee dit gesprek, hetwelk een paar uur geduurd had, was afgelopen.

Toen wij na de godsdienstoefening ten huize mijner familie teruggekeerd waren, vroeg tante mij, of de wel eerwaarde heer Rabbijn mij nu van mijn dwalingen overtuigd had; waarop ik ontkennend antwoordde en er bij voegde, dat ik zelfs geen ogenblik in mijn overtuiging was geschokt; ook oordeelde ik het volstrekt niet nodig om, zoals tante had voorgesteld, de meervermelde leraar nogmaals te laten komen, om mij beter in te lichten. Dit gebeurde tot mijn grote blijdschap dan ook niet, en zo kon ik, na zeer ernstig vermaand te zijn, weer vertrekken. Met heel wat meer rust en vrede, met veel meer vrij- en blijmoedigheid kon ik nu mijn weg bewandelen, dan toen ik de vorige keer Coevorden had verlaten; nu kon ik de Heere danken, dat Hij mij genade had verleend om het ware van het valse te onderscheiden, en in mijn keuze onwrikbaar staande te blijven. Ook bij en na mijn tehuiskomst mocht ik standvastig blijven, en tegenover mijn huisgenoten even vrijmoedig getuigen, als ik tegenover mijn familie had gedaan.

Terwijl nu de leraar der wet, voor wie ik mij had moeten verantwoorden, mij vrijheid had gegeven om, indien ik iets had te vragen, dat dan maar vrijmoedig te doen, schreef ik zijn eerwaarde een brief, waarin ik onder andere wees op het onhoudbare gezegde, dat men leven zal gelijk onze voorouders geleefd hebben, zonder zich om allerlei geloofszaken te bekommeren; op de heiligheid en rechtvaardigheid des Heeren; op de zinledigheid van de Israëlitischen godsdienst, en op onderscheidene fabelen in de Talmoed, terwijl ik zijn eerwaarde vriendelijk om antwoord verzocht.

Nauwelijks had ik deze brief geëindigd, of mijn patroon ontving een bezoek van een geloofsgenoot, de heer Lehmans uit Halteren, in Pruisen; iemand die vroeger Israëlitisch godsdienstonderwijzer was geweest.

Al spoedig door mijn patroon omtrent mijn gevoelens ingelicht, trachtte ook hij mijn "dwalingen" mij onder het oog, en tot andere gedachten te brengen, waarmee hij echter niet veel ingang bij mij vond; hetwelk ik hem niet onduidelijk deed gevoelen. Onder andere deelde ik hem mijn onderhoud mee met de Rabbijn; alsook dat ik juist een brief voor zijn eerwaarde in gereedheid had gebracht, die ik op verlangen van de heer Lehmans voorlas, met het verzoek denzelven aan de waarheid te toetsen en mij ridderlijk zijn mening omtrent denzelven mee te delen.

Aan dit verzoek werd dan ook voldaan; de brief, meende de heer Lehmans, kon ik gerust afzenden, terwijl hij toestemde, dat er in onze Joodse godsdienst veel te wensen overbleef. Toch zou het volstrekt ongeoorloofd zijn om het voorvaderlijk geloof te verlaten, dewijl het het oudste was dat er bestond, en terwijl Israël het door God Zelf uitverkoren volk was.

Hiertegen merkte ik op, dat de oudheid geen kenteken der echtheid kon zijn, om reden het rijk der duisternis nog veel ouder was; en wat de Verkiezing van Israël betrof, deze was zeker waar; even waar was het echter, dat, indien wij ook nu nog het volk van God waren, wij dan ook de lof des Heeren moesten vertellen, hetwelk geenszins het geval was, zoals ik nader uiteen zette.

Veel meer scheen het mij toe, zei ik verder, dat de ware aanhangers van Jezus Christus het volk van God uitmaakten, om reden ik niet anders zien kon of Hij was de enige hoeksteen die volgens Jes. 28:16 in Zion gelegd is, en daarom de ware Messias, Die aan de vaderen is beloofd. Hiervoor haalde ik onderscheidene teksten uit het Oude Testament aan; onder andere ook die uit Psalm 2: "Kust de Zoon, opdat Hij niet toorne".

Dit had echter volgens de heer Lehmans een geheel andere betekenis en wel deze, welke opvatting wederom kan dienen als proeve van Joodse Schriftverklaring :

"Naschkubar" moet namelijk niet vertaald worden door: "Kust de Zoon", maar: "wapent u met zuiverheid, dit is "met gerechtigheid". En wel hierom, terwijl David hier niet het Hebreeuwse "Ben" maar het Chaldeeuwse "Bar" gebruikt; terwijl het andere woord "Naschku" even goed door: "wapent u" als door "kust" kan worden vertaald. Tegen deze opvatting had ik echter groot bezwaar, zeggende, dat wij bij Gen. 14:14:

"En Abraham, wapende zijn onderwezenen", niet vinden "Wajischak", maar "Wajorek eth chanichow".

Op mijn vraag: wat David wel bedoeld zou hebben met de uitdrukking in Ps. 69:22: "Zij hebben mij gal tot mijn spijze gegeven; en in mijnen dorst hebben zij mij edik te drinken gegeven", ontving ik een zeer eigenaardig antwoord; en wel, dat David dit op mij had gezegd: om reden ik honger en dorst had naar zaken die mij niets aangingen, noch baten zouden. Wat deed ik echter? Ik nam tot Christenleraars de toevlucht, maar die gaven mij edik en gal, waardoor mijn toestand nog erger werd; tot God moest ik veeleer mij wenden, Die zou reine wijn mij inschenken.

Ik zei, dat ik dit reeds lang gedaan had en voortdurend deed; dat wij echter geen hoorbare stem uit de hemel ontvingen, en daarom wel opheldering mochten vragen, van hen, die ons opheldering konden geven; en dat ik daartoe vele Christenleraars beter in staat achtte, dan de geleerden in Israël.

Uit dit alles moest de heer Lehmans wel opmaken, dat mijn overtuiging reeds diep was gevestigd; hetwelk hij ook ronduit uitsprak, en er ten slotte bijvoegde, dat het wel bezwaarlijk zou gaan, om mij van mijn dwalingen af te brengen.

Die overtuiging kon ten volle door mijn patroon worden gedeeld, om reden die van mijn gesprekken en wensen vrij goed op de hoogte was. Hoe langer hoe sterker toch deed de behoefte zich bij mij gevoelen om, zo vaak de gelegenheid zich maar aanbood, over het ene nodige met mijn huisgenoten te spreken, waarbij ik dan meer dan eens onbewimpeld zei, dat, als ik de beloften des Ouden Testaments naging, het mij dan volstrekt niet ongelooflijk voorkwam, dat Jezus Christus, Die door de Christenen als hun Vorst en Zaligmaker wordt erkend, de ware en enige Messias is. Is dat waar, voegde ik er dan vaak aan toe, dan is er buiten Hem ook geen zaligheid mogelijk, en heeft ieder wel toe te zien of de rechte weg, de weg ten leven door hem wordt bewandeld. Maar dan is het volstrekt noodzakelijk de Heere te bidden, dat Hij de ogen ons opene, opdat wij Zijn beloften leren verstaan, dezelve gelovig omhelzen, en wij niet aan verkeerde schriftuitlegging ons schuldig maken.

Veel ingang vonden zulke opmerkingen echter niet; integendeel hadden ze meestal minder aangename tonelen tot gevolg, die ik liefst met stilzwijgen voorbij ga, waarbij het echter steeds duidelijk openbaar werd, dat de Heere Jezus gezet is tot een val en een opstanding veler in Israël.

Inmiddels zaten mijn familieleden, bepaaldelijk mijn ooms en tantes te Coevorden, niet stil om mij van mijn dwaalweg, zoals zij zeiden, af te brengen; waartoe zij des te meer zich gedrongen gevoelden, nu zij wel merkten dat noch het onderhoud door de Rabbijn, noch het gesprek met de heer Lehmans, waaromtrent zij ingelicht waren, de gewenste invloed op mij uitoefenden. Meermalen ontving ik dan ook bericht om weer eens over te komen, waaraan ik echter niet eer gehoor gaf, voordat ook mijn patroon er sterk op aandrong, en ik, om erger te ontgaan, op zekere vrijdagmiddag mij weer daarheen begaf.

Dat ik biddende mijn weg bewandelde, laat zich gemakkelijk begrijpen; ik gevoelde diep, dat ik het licht en de leiding des Heeren in alles zo nodig had; en ik had niet te vergeefs gebeden:

> Want God was aan mijn zij;
> Hij ondersteunde mij
> In 't leed dat mij genaakte.

Nadat ik 's vrijdagsavonds door tante Perel sterk berispt werd over mijn voortdurende hardnekkigheid, maar ik ook evenzeer vrijmoedig uit mocht komen voor hetgeen wat op de bodem van mijn hart lag, moest ik de volgende namiddag weer ten huize van een van mijn ooms verschijnen, waar onder andere ook de heer A. Frank, dezelfde aan wie ik vroeger beloofd had

Jood te zullen blijven, alsmede de heer De Lange, Israëlitisch onderwijzer, tegenwoordig was.

Deze nam allereerst het woord en deelde mij mee, dat een antwoord van de weleerwaarde heer Rabbijn ingekomen was op de brief door mij aan zijn eerwaarde gericht; begeleid door een schrijven aan de heer Frank, waarin het aan diens keuze gelaten werd om de voor mij bestemde brief mij al dan niet te overhandigen. Omdat zowel de Rabbijn als de samengekomenen bevreesd waren, dat ik de brief, ingeval hij in mijn bezit was, aan de Christenen zou laten lezen, en dezen de spot er mee zouden drijven, oordeelden zij het raadzamer om hem onder hun berusting te houden, en zich te vergenoegen met mij zijn inhoud bekend te maken.

Die brief begon met het woord van Salomo: "Antwoord den zot naar zijn dwaasheid niet, opdat gij ook hem niet gelijk wordt. Antwoord den zot naar zijn dwaasheid, opdat hij in zijn ogen niet wijs zij". Zijn eerwaarde had het eerste gekozen, om de dwaas naar zijn dwaasheid te antwoorden.

Omdat dit epistel slechts eenmaal onder mijn ogen is geweest, en slechts eenmaal mij is voorgelezen, kon ik natuurlijk niet alles er van onthouden; dit echter heb ik bij mijn thuiskomst kunnen optekenen, dat volgens zijn eerwaarde gevoelen noch ik, noch iemand anders te Emlenkamp bevoegd is om de Talmoed te beoordelen, en dat zijn eerwaarde zich niet verplicht gevoelde, dat heilige boek voor mij uit te leggen. Vooral het slot was bijzonder eigenaardig, en voor een herder Israëls, iemand, die de dwalende schapen zijner kudde moet trachten terecht te brengen, zeer kenmerkend: dat slot luidde letterlijk aldus:

"Ik weet u geen beter raad als deze: laat u dopen, hoe eerder hoe beter; opdat een booswicht uit Israël uitgeroeid worde, en Israël geen aanstoot meer aan u heeft".

Hartelijk, niet waar? En wel een bewijs, dat de tekening van de ontrouwe herders in Ezechiël 36 niet te donker is gekleurd.

Inmiddels begrijp ik niet, dat als het waar is wat in dat Rabbinale schrijven geschreven stond, namelijk dat ik als gedoopte Israël geen aanstoot meer zou geven, waarom ik dan na mijn doop nog zo menigmaal door Israëlieten gescholden en op allerlei wijze beledigd ben. Neen, het is niet waar, dat de tot de Heere gebrachte Israëliet, na zijn doop geen aanstoot meer voor Israël is; zolang het deksel van het aangezicht niet afgenomen is, zal die aanstoot blijven, om reden de ergernis des kruises niet eer weggenomen wordt, voordat we voor het kruis van den Heere Jezus in, geest en waarheid hebben leren knielen.

Van dien Christus heb ik ook na het voorlezen van de brief, nog vrijmoedig mogen getuigen, en door de genade des Heeren standvastig mogen blijven, hoeveel pogingen ook aangewend werden, om mij te doen struikelen en vallen, en hoezeer het ook openbaar werd, hoe ver een blinde ijver ons kan brengen.

Terwijl de orde in het spreken reeds lang was verbroken, en mij van de een dit, van de andere dat bitse woord toegeworpen werd, wilde ik aan dit samenzijn graag een einde maken; evenwel niet voordat ik de heer De Lange dezelfde vraag had gedaan, die ik aan de Rabbijn had voorgelegd; maar evenals deze werd ook gene over zulk een vraag niet weinig verbaasd, en deed hij mij de wedervraag wat ik daar wel van dacht.

"Als wij vertellen", gaf ik hierop ten antwoord, "wat God aan onze ziele gedaan heeft, dan vertellen wij hoe wij van dood levend, en van een arm en doemwaardig zondaar een kind van God zijn geworden".

Die taal klonk echter zo vreemd, dat men verwonderd vroeg, wat men met zulk een krankzinnig mens moest beginnen, waarna het voorstel werd gedaan - zij het dan ook schertsende - om mij naar een krankzinnigengesticht te zenden, opdat ik van mijn dweperij zou genezen.

Of dat voorstel nu al dan niet ernstig gemeend was, toch kwam ik met al wat in mij was, tegen hetzelve op, en deed met nadruk uitkomen, dat de Heere mij het volle gebruik mijner geestvermogens tot op dit ogenblik toe had verleend. Tevens wees ik er op, dat de door mij gedane vraag volstrekt geen krankzinnigheid verraadde, maar gegrond was op het dierbaar en onfeilbaar Woord des Heeren; en dan ook door vele eenvoudige Christenen zeer goed kon worden beantwoord.

Dit woord scheen zowat dezelfde indruk te maken, als de mededeling van de Apostel Paulus aan de Joden, dat God tot hem gezegd had: "Ga heen; want Ik zal u ver tot de heidenen afzenden". Toen Paulus dit gezegd had verhieven zij hun stemmen, zeggende: "Weg van de aarde met zulk een, want het is niet behoorlijk dat hij leeft". Hand 22:21, 22.

Ook nu werd de beweging vrij hevig, zodat het gesprek niet kon worden voortgezet, en de een her- en de ander derwaarts vloog.

Weldra kwam men echter weer samen, en scheen het onweder eensklaps opgetrokken; want op zeer minzame wijze werd nu met mij gesproken, en de belofte mij gegeven, dat ik een zeer voordelig en gelukkig leven zoude hebben, indien ik slechts naar goede raad wilde luisteren, en mijn dwaze denkbeelden wilde laten varen. Alles wat ik dan tot dusver had gedaan zou mij graag worden vergeven, en ik zou voorrechten genieten, boven alle leden der familie. Het best zou dan zijn, dat ik maar dadelijk te Coevorden bleef; mijn patroon zou men dan wel tevreden stellen, zodat ik zonder zorgen kon zijn. Bleef ik echter in mijn dwalingen volharden, dan zou ik niet meer als lid der familie worden beschouwd en in der eeuwigheid hun aangezicht niet meer zien.

Dat was inderdaad weer een harde proef; aan de ene kant werd mij het bekoorlijke der wereld voorgehouden; aan de andere kant met het meest schrikwekkende gedreigd; er werd zodoende weer op mijn hartstochten gewerkt. Toch gaf de Heere mij genade om staande te blijven, en ontkwam ik door een zeer eenvoudig middel aan het dreigend gevaar.

Zonder op de dreigementen of beloften bijzonder te letten, maakte ik de opmerking, dat, al zou ik aan de voorgestelde eis ook beantwoorden, ik in elk geval niet dadelijk kon blijven, terwijl dat tegen wet en orde in zou lopen; en ik bovendien nog zoveel te Emlenkamp had te regelen, dat direct blijven ten enenmale onmogelijk was.

Deze opmerking stemde een mijner ooms ogenblikkelijk toe; die in dadelijk blijven volstrekt geen heil zag, om reden ik, wanneer het mij in hun midden niet mocht bevallen, wel spoedig de wijk zou nemen. Hoogstnoodzakelijk echter achtte hij het, dat ik uit Emlenkamp wegkwam; immers dat dorp was de oorsprong mijner goddeloosheid, het dorp waar de Afgescheidenen mij tot dweepzucht hadden verleid; waarom het o zo nodig was, dat ik spoedig uit hun handen en uit hun nabijheid werd bevrijd, zou er nog iets van mij terecht komen. Daarom werd bepaald, dat oom Roos in de loop der week naar Emlenkamp zou komen, om over het gewenste ontslag met mijn patroon te spreken.

Dit besluit boezemde mij o zo veel vrees in; èn omdat ik bijzonder gehecht was aan het dorp waar ik met inbegrip van een paar korte tussenpozen, die ik te Dalfsen en te Hardenberg was geweest, bijna zes jaar had doorgebracht; èn omdat ik, wanneer ik bij een mijner familieleden gehuisvest zou worden, klaar inzag, dat ik èn de stem mijner consciëntie zou moeten smoren, èn ontzettend veel zou hebben te verduren. Daarom bad ik die week gedurig tot de Heere, dat Hij mocht helpen en bijstaan en voor mij strijden, opdat alles tot Zijn eer en tot mijn zaligheid mocht uitlopen.

En ook hierin heeft de Heere weer wonderlijk geholpen, en getoond, dat Hij Israëls God is, Die krachten geeft, en van Wien het volk zijn sterkte heeft.

Vrijdagmorgen van diezelfde week, waarin ik te Coevorden was geweest, werd ik uit mijn bezigheden geroepen om voor oom Roos te verschijnen, die na wederzijdse groet al zeer spoedig mij vroeg, welk besluit ik nu had genomen; of ik met hem naar Coevorden wilde gaan, dan of ik in mijn dwaze en ijdele principes wilde volharden, om dan ten slotte tot het Christendom over te gaan.

Hierop antwoordde ik, tot het een niet veel trek te gevoelen, en omtrent het andere niets bepaalds te kunnen zeggen, om reden ik niet wist welke weg de Heere met mij houden wilde.

Dit antwoord was echter lang niet naar de zin van mijn patroon, die hetzelve als een ontwijking, ja als huichelarij beschouwde. Volgens zijn mening toch wist ik maar al te goed, dat ik plan had Christen te worden, maar wilde ik dit voor de familie verbergen; was ik echter bij Ds. Moolhuizen, dan zou ik dat plan wel onbedekt te kennen geven; anders toch zou die man er wel vriendelijk voor bedanken, om zoveel drukte met mij te maken.

Laat deze opinie op het standpunt van een Israëliet zich niet ten volle verklaren? Stel toch eens, dat deze of gene Christen Jood wilde worden, maar hij bleef zolang vragen en zoeken, als ik nu reeds gevraagd en gezocht had; zou de Rabbijn, zouden al de Joden niet weldra zeggen: "nu, lieve man, wat wilt ge, Jood worden of Christen blijven; van tweeën een; niet langer gedraald"; ik zeg zou zulk een uitval niet zeker worden gedaan? Natuurlijk wanneer het enkel een zaak des verstands of nog erger der koele berekening is, van welke kant het meeste voordeel te wachten is; of wanneer iemand om huwelijkszaken van godsdienst verandert, och ja, dan kan de keuze spoedig beslist zijn. Is het echter een zaak des harten, een zaak, waartoe de consciëntie dringt, maar waar vlees en bloed tegenop komt, en voor welke het verstand opgeklaard, en waarbij vele zwarigheden uit de weg geruimd moeten worden, neen, dan gaat het in de regel zo gemakkelijk niet; dan laat het zich verklaren, dat Salomon Duitsch zelfs zes jaren getobd heeft, voordat hij tot de volle belijdenis van de Christus kwam. Zoiets werd echter noch door mijn oom, noch door mijn patroon ook zelfs in de verte begrepen, en alzo laat het zich goed verklaren, dat mijn zeggen van niet te weten welke weg de Heere met mij houden wilde, als veinzerij werd aangemerkt. Om mij echter van deze smet te zuiveren stelde ik voor, dat de heer Denneboom dan direct bij Ds. Moolhuizen zou informeren of ik mij tegen hem ooit anders had uitgelaten; of ik ooit een woordje te kennen had gegeven om Christen te willen worden; dan toch zou de waarheid aan het licht komen.

Dit voorstel vond bijval; omdat mijn patroon echter dringende bezigheden had, verzocht deze mijn oom om met mij naar gezegden leraar te gaan en te vragen of ik mij niet uitgelaten had om tot het Christendom over te gaan.

En zo gingen we samen naar de Dominee, die zowel mijn oom als mij zeer vriendelijk ontving, en met wie het gesprek al spoedig door mijn oom werd aangeknoopt.

"Omdat ik ouderloos was", zeide zijn eerwaarde: "gevoelde hij zich verplicht, voor mijn welvaren zorg te dragen, temeer omdat ik nog minderjarig en zeer onbezonnen was, zoals dat in de laatste dagen maar al te helder aan het licht was getreden. Veel verdriet had ik daar door hem, mitsgaders der gehele familie veroorzaakt, en daar hij vernomen had, dat ik mij met godsdienstige zaken inliet, die mij als Israëliet niet betaamde, en ik gedurig tot de Afgescheiden Dominee ging om over Christus en christelijke onderwerpen te spreken, zou hij dienaangaande wel eens graag met zijn eerwaarde over een en ander willen spreken. Vooral zou hij graag willen weten of ik wel eens om Christelijk onderwijs verzocht, of te kennen gegeven had, wel tot het Christendom te willen overgaan". Ds. Moolhuizen gaf hierop, geheel naar waarheid, een ridderlijk antwoord, zeggende: dat ik meermalen bij hem geweest was, en om inlichtingen over een of andere tekst had gevraagd, die hij mij ook steeds volgaarne had gegeven; nimmer echter had ik mijn voornemen te kennen gegeven om Christen te worden, omdat dit ook een zaak van te groot gewicht is om daar maar zo eensklaps toe over te gaan.

Oom nu meende, dat Ds. Moolhuizen zich in het geheel niet met mij inlaten moest, en dat ik geen behoefte er aan had om in de Bijbel te studeren.

Dit echter werd door Ds. Moolhuizen ten sterkste ontkend; die de zeer juiste opmerking maakte, dat, wanneer ik niet bij hem kwam, hij mij dat volstrekt niet kwalijk nemen zou, aangezien mijn komen of wegblijven, hem niet het minste persoonlijk voordeel of schade aanbracht; evenwel was hij met mijn komst immer verblijd, om reden het zijn dagelijkse bede was, dat Gods koninkrijk mocht worden uitgebreid, en de Heere Christus, buiten Wien geen zaligheid mogelijk was, hoe langer hoe meer eer mocht ontvangen.

Op deze wijze werd ook nog aan oom de gekruiste Christus gepredikt, voor wie die prediking echter blijkbaar een ergernis was, bevreesd als hij was er nog meer van te moeten horen. Daarom maakte hij de opmerking, dat hij niet was gekomen om te disputeren, maar om inlichtingen aangaande mijn persoon in te winnen. Zijns inziens moest men met zulke diepe en geheimzinnige zaken zich niet inlaten, en daarom meende hij dat het ook voor mij verreweg het beste was, mij er niet meer mee te bemoeien.

Ds. Moolhuizen bracht hem echter onder het oog, dat, wanneer iemand in de Bijbel las, en om opheldering vroeg omtrent plaatsen die hem duister zijn, dit volstrekt geen geheimzinnigheid, maar wel leergierigheid was. Tevens wees zijn eerwaarde er op hoe de leraars van 's Heeren wege geroepen waren om het volk te onderwijzen, en de Schrift te verklaren; waarom hij dit ook mij niet mocht weigeren, en dus aan het verzoek om zich niet meer met mij in te laten onmo-gelijk kon voldoen.

Aldus diep teleurgesteld ging oom weer heen; ik daarentegen, die natuurlijk mede huiswaarts ging, was grotelijks verheugd, dat oom van de waarheid mijner bewering overtuigd, althans overreed was geworden; en dat hij zien kon dat ik in oprechtheid voor God had gehandeld.

Dit werd door mijn patroon sterk betwijfeld; hij schreef het gezegde van Ds. Moolhuizen, of ik niet gesproken zou hebben om Christen te willen worden, eenvoudig aan bescheidenheid van die Christenleraar toe, als was deze die te fatsoenlijk om mij in de tegenwoordigheid van oom tot een leugenaar te maken. Dat die Christenleraar dan in dit geval niet te onfatsoenlijk was om zelf onwaarheid te spreken, werd ten enenmale voorbij gezien.

Als het dan werkelijk mijn plan was om Christen te worden, dan moest ik, meende oom, maar zo spoedig mogelijk Emlenkamp uit, ten einde onder het bereik der Afgescheidenen weg te komen; die toch waren de oorzaak mijner dweepzucht; hadden zij mij met hun dwaasheden niet overvallen, dan zou ik nog zijn, die ik immer was geweest.

Hierop mocht of kon ik niet zwijgen, en zeide daarom ronduit, dat die Afgescheidenen niet eerst tot mij, maar dat ik tot hen was gekomen; dat ik behoefte aan hen had gevoeld, en zij daarom niet de oorzaak waren van mijn godsdienstige overtuiging, maar dat God de Heere Zelf die verandering in mij had gewerkt. Daarom oordeelde ik het ook volstrekt niet noodzakelijk om mij naar elders te verplaatsen, want indien het waar was wat oom en Denneboom veronderstelden, namelijk dat de Afgescheidenen mij tot andere inzichten hadden gebracht, dan ware het grote dwaasheid mij uit Emlenkamp te verwijderen, aangezien genoemde lieden toch overal worden gevonden. Dit werd door mijn patroon volkomen toegestemd, die, terwijl hij mij niet graag aan zijn dienst onttrokken zag, mijn oom voorstelde om mij te laten blijven; dan zou hij wel zorgen, dat ik weldra van mijn dwaasheid genezen was.

Mijn oom stemde hierin toe en vroeg mij, of ik mijn dwaze beginselen wilde laten varen, waarmee hij, zoals hij nader uiteenzette, bedoelde, dat ik mij niet meer met de Afgescheidenen zou inlaten.

Hiertegen maakte ik zeer veel bezwaar; immers mijn betrekking, het belang van mijn patroon bracht mee, dat ik nu en dan bij alle dorps- en gewestgenoten wezen moest, en dat het dan al een zeer zonderlingen indruk geven moest als ik juist de huizen der Christelijke Afgescheidenen voorbij ging.

Dit moest natuurlijk geredelijk worden toegestemd; daarom werd mij de raad gegeven om, wanneer ik bij Afgescheidenen kwam, en zij over geloofszaken met mij wilden spreken, dat ik dan maar zeggen moest geen tijd te hebben, dan zouden ze wel merken, dat ik hun vriendschap niet begeerde en vanzelf mij verder ongemoeid laten.

Had ik nu maar de moed van een Luther bezeten, dan had ik ridderlijk met die geloofsheld geantwoord: "Hier sta ik; ik kan niet anders; God helpe mij, Amen"! Zo sterk was ik echter niet, maar gaf het weifelende antwoord, dat ik voor mijn persoon die zaken wel niet zo sterk zou voortzetten, maar dat ik onmogelijk kon keren hetgeen God wilde werken; welk antwoord mij door iemand te Emlenkamp aangeraden was. Hier lag nu wel een waarheid in, maar veel beter toch ware het geweest, indien ik ronduit gezegd had, dat ik van het volk des Heeren niet wegblijven kon; en dat het de wens en bede mijner ziele was, dat de Heere verder aan mij werken mocht, gelijk Hij bij de aanvang aan en in mij gewerkt had.

Misschien sproot dat weifelende antwoord wel mede voort uit de vele vragen en aanvallen, waarmee men nu reeds geruime tijd het mij lastig gemaakt had, en dat ik het redetwisten moe zijnde, met dat antwoord mij er af maakte. Maar tevens moet niet uit het oog worden verloren, dat mij voor mijn eigen zielstoestand ook nog de beslistheid ontbrak, die ik bepaald hebben moest, èn om voor mijzelven volkomen vrede te smaken èn om tegenover uit- en inwendige vijanden pal te staan.

Had ik met de Apostel Paulus kunnen zeggen: "Ik weet Wien ik geloofd heb", ik zou wellicht vrijmoediger zijn geweest, en dientengevolge meer beslist hebben geantwoord; zover was ik echter nog lang niet.

Wel was ik er diep van doordrongen, dat ik een arm en verloren zondaar was; dat de Heere als de Heilige en

Rechtvaardige met de zonde geen gemeenschap kan hebben en dat er van mijn zijde nooit beterschap was te verwachten. Toch was het mij nog onmogelijk om de Heere Jezus Christus als de Messias van Israël, en nog veel meer onmogelijk om Hem als mijn Zaligmaker te erkennen. Het was inderdaad vreemd. Aan de vromen gevoelde ik mij innig verbonden; in hun tegenwoordigheid te verkeren viel mij nimmer te lang of te zwaar; kwaad kon ik dan ook onmogelijk van hen horen, integendeel verdedigde ik hen zoveel ik kon. Wist ik dat hier of daar een lijk- of andere predikatie gehouden werd dan maakte ik, als het maar enigszins mogelijk was, dat ik er van genoot, gelijk het mij ook nog al eens een enkele maal te beurt is gevallen. Van de Heere Christus en het ware christelijke leven hoorde ik niet alleen heel graag spreken, maar sprak er zelf ook met grote belangstelling over. Terug zou ik voor nog zoveel ter wereld niet graag gewild hebben, en evenmin twijfelde ik, of God het goede werk wel in mij had begonnen. Te bidden tot God was de ademtocht mijner ziele, en over Hem en Zijn wegen voortdurend te denken was de lust en het leven van mijn hart. Bijna nooit ging ik uit of ik had een christelijk boek bij me gestoken, hetzij "Bunyan Christenreis", "De gouden en zilveren Trompet", "Hellenbroeks voorbeeld der goddelijke waarheden", of een ander degelijk werk, waarmee Emlenkamps vromen mij hoe langer hoe meer bekend maakten, en die ik met alle liefde in bruikleen van hen kon ontvangen.

O, wat was het mij dan goed, wanneer ik op de eenzame wegen en ruime vlakten naar Ringe en Badhoorn; naar Volsel en Echteler; naar Voorwald en Laar, of naar het schoon gelegene Wasum mij begaf. Al voortgaande las ik door gedurige oefening o zo gemakkelijk; en tevens met o zoveel genot, hetwelk nu en dan door het zingen van een Psalmvers of door stille overdenking afgewisseld werd.

En hoorde ik tussenbeide dan eens het plechtige lied van een vromen schaapherder, die op de eenzame heide het wollig vee bewaakte, dan klonk mij die melodie als hemelmuziek in de oren. "o", dacht ik dan meermalen, "was ik toch ook zo gelukkig als die schaapherder, die ik meestal sinds lang bij naam en toenaam had gekend, en met wie ik in de laatste tijd meer dan eens had gesproken, want die man is bekeerd; die gaat zeker naar de hemel; maar ach, hoe zal het met mij toch nog komen".

O, wat waren dat gelukkige dagen, die dagen der eerste liefde, toen er zeer zeker veel vreemd vuur op het altaar was, maar waarin ik toch ook zaligheid smaakte, waarnaar ik later menigmaal heb terug verlangd, maar waarin ik in die mate nimmer meer heb mogen delen.

En toch kon ik nog niet gerust sterven; toch durfde ik de Heere Jezus nog niet als de Zaligmaker erkennen, hoeveel er ook in mij omging wat door Zijn Geest was gewerkt, en hoe duidelijk ik ook zag, dat een Middelaar als Hij volstrekt nodig was, om de mens met God te verzoenen. Het vooroordeel echter van de Israëliet tegen de Christus is zo buitengewoon sterk, dat geen geboren Christen zich daarvan, ook maar een flauwe voorstelling kan vormen; een buitengewone kracht des Heeren is er nodig om dat vooroordeel te breken, en om zich onvoorwaardelijk aan de Heiland Jezus Christus over te geven, als aan de enigen Naam, Die ons ter zaligheid geschonken is.

Toen ik dan dat weifelende antwoord gegeven had, waarin mijn oom nog al genoegen scheen te nemen, beschouwde hij zijn taak als volbracht en ging heen, terwijl hij mij aan het opzicht van mijn patroon overliet. Deze waarde heer kon echter al moeilijk zo op mij toezien dat ik mij, gelijk men gewenst en verwacht had, niet meer bij de Oudgereformeerden vervoegde, tenzij men in huis mij opsloot, maar daarvoor hield mijn patroon er geen bediende op na.

Zodoende gelukte het mij om reeds de volgende dag bij Ds. Moolhuizen te komen, met wie ik over het voorgevallene sprak, en aan wie ik ronduit te kennen gaf, dat het mij onmogelijk was om van het vrome volk weg te blijven, hoe sterk men daar ook had op aangedrongen, en hoe onbeslist ik ook in mijn antwoord was geweest; hetwelk voor de leraar natuurlijk o zo verklaarbaar was al had ook hij graag gezien, dat ik ook ten laatste mij meer beslist had verklaard.

Gelukkig had ik door 's Heeren genade weldra gelegenheid om dat verzuim nog te herstellen, en ronduit te verklaren wat er in mijn binnenste omging.

Terwijl het bezoek van oom Roos geheel en al vruchteloos bleek te zijn, en men wel vernomen had dat ik nog even druk bij Ds. Moolhuizen en de andere Oudgereformeerden kwam als vroeger, moest wederom een poging worden aangewend, om mij voor het Jodendom te behouden. Daarom werd door de familie te Coevorden, aan mijn oudste broeder opgedragen om mij scherp te bestraffen, en op het pad der deugd terug te brengen.

Aan die opdracht werd dan ook geredelijk voldaan; want op zekere vrijdagavond kwam mijn broeder bij ons, die de volgende dag over het bewuste onderwerp met mij sprak. Nog niet zeer veel hadden we gesproken, toen hij mij de vraag deed of ik ook aan erfzonde en hemelse gelukzaligheid geloofde, waarop ik bevestigend antwoordde.

Als dat zo was, meende nu de pleitbezorger der familie, dan was alle verdere redenering ten enenmale vruchteloos, en rekende hij van zijn taak zich te hebben gekweten. Om echter een beslist antwoord te kunnen overbrengen, vroeg hij, of hij dan maar zeggen zou, dat ik in Christus geloofde. Hiertoe gaf ik geen vrijheid, om reden dit nog niet, althans niet met helder bewustzijn, zo was; in één adem voegde ik er echter bij, dat, wanneer ik de Christus gelovig mocht kunnen omhelzen, ik er dan ook vrijmoedig voor hoopte uit te komen.

In deze verklaring kon mijn broeder, die mij in geheel deze zaak nimmer een onvriendelijk gezicht heeft getoond, zich zeer goed vinden; onder andere ook hierom, terwijl hij nu althans wist, wat hij bij zijn tehuiskomst moest zeggen.

Zo was de ene verantwoording gevolgd op de andere, en worstelde het zo wat voort, zonder dat het bepaald tot feiten kwam, die voor het publiek openbaar werden. Dit had echter de langste tijd geduurd.

7. Weggejaagd

Het was op donderdagavond 29 augustus, dat ik mij weer, zo ik meende, zonder ontdekt te zijn, naar de voor mij zo aantrekkelijke pastorie begaf, om weer vragen te doen en licht en troost te ontvangen. Nadat ik zeer genoeglijk een paar uurtjes daar doorgebracht had, ging ik, toen wij gezongen en gebeden hadden, naar huis, waar ik op alles behalve liefelijke wijze gewaar werd, dat men niet alleen wist waar ik was geweest, maar ook wist, wat er was gesproken.

Om zo minmogelijk te kwetsen, laat ik het oordeel over de wijze hoe men een en ander is te weten gekomen, graag aan de bescheiden lezer over, evenals ik de bijzonderheden die er bij mijn thuiskomst plaats grepen, met stilzwijgen voorbij ga. Het zij genoeg te weten, dat mij gelast werd binnen 2 maal 24 uren het huis te verlaten, en dat ik nu meer dan immer te voren het voorrecht genoot, om de naam en de zaak des Heeren smaadheid te mogen dragen.

Aan de ene kant was ik met dit bevel o zo blij, om reden ik nu beter gelegenheid had om God naar de keuze van mijn hart te dienen; aan de andere zijde wilde ik de rechten, die ik als mens en burger genoot ook niet graag geheel en al prijs geven. Daarom riep ik de raad van de heer ambtsvoogd in, de vertegenwoordiger van het burgerlijk gezag in dit deel der beneden Graafschap, die mij de raad gaf om op kosten van mijn patroon bij iemand te gaan logeren.

Ds. Moolhuizen, wie ik natuurlijk direct van het voorgevallene kennis gaf, beschouwde mijn verwijdering als een noodzakelijk gevolg van mijn overtuiging; terwijl de juffrouw zich verwonderde, dat het nog tot dusver immer goed was gegaan.

Hierop ging ik naar het huis van de weduwe Koops, in de wandeling meestal "Iken" genoemd; het waren dezelfde mensen bij wie ook de colporteur Nolte gelogeerd had, en van wie ik wist, dat zij, vooral wat de weduwe zelf betreft, wel der waarheid toegedaan waren. Toen ik mijn voornemen te kennen gaf om bij hen voorlopig te logeren, werd ik met zeer veel deelname ontvangen, en werd het bemoedigend woord door een der huisgenoten mij herinnerd, dat, als hetgeen in mij omging een werk uit God was, de mensen het dan ook niet zouden kunnen breken. Dit geloofde ik ook vast en zeker, en omdat ik tevens geloofde, dat de Heere een goed werk in mij begonnen had, was ik in deze mijn verbanning tamelijk kalm, en was ik voornemens stil af te wachten welken weg de Heere verder met mij zou houden.

Vooral werd ik bijzonder versterkt toen mij door mijn vriendelijke en belangstellende waardin een schrijven werd overhandigd, waarin de bekeringsweg meegedeeld werd van een Joods meisje uit Amsterdam, een meisje, dat ik naderhand persoonlijk heb leren kennen en met wie ik meermalen zeer hartelijk over de weg des levens heb gesproken. Nu is zij reeds sinds jaren bij haar Heiland, nadat het haar aan de beproevingen des levens niet heeft ontbroken.

Toen ik nu uit de bekeringsgeschiedenis van dat meisje vernam, dat zij o zoveel heeft moeten verduren om de Naam en de zaak des Heeren, maar dat de Leeuw uit Juda's stam haar geholpen heeft, zodat zij de Heere Jezus als haar Zaligmaker vrijmoedig mocht belijden, werd de bede in mij versterkt, dat ook ik toch genade mocht ontvangen om pal te staan, en bij de kudde van Jezus te worden gebracht.

Bij de kudde van Jezus? Ja bij de kudde van Jezus; want wat mij tot dusver nog geschemerd had, werd mij nu zo klaar als de dag; of liever het bezwaar, waartegen mijn gemoed nog immer min of meer had ingedruist, namelijk om Jezus te erkennen als de ware Messias, werd nu weggenomen, en ten volle geloofde ik, dat Hij het was Die in het Paradijs was beloofd, en op Wie de vaderen hadden gehoopt.

Reeds waren in de laatste tijd de twijfelingen allengskens weggenomen, waartoe de werken van Salomon Duitsch, die ik vooral des zaterdags ten huize van goedgezinde dorpsgenoten las, niet weinig hebben bijgedragen. Het lezen van genoemde bekeringsgeschiedenis maakte echter ook de laatste vezelen los, zodat ik ten volle geloofde: Jezus van Nazareth is de van God beloofde Messias, en het volk, hetwelk naar Zijn Naam genoemd is, is het volk waaraan ik mij innig verbonden gevoel, en waarbij ik ook moet behoren.

Vandaar de bede, dat de Heere, die een zuster uit Israël in Amsterdam zo wonderlijk geholpen, en zo trouw geleid had, ook mij wilde brengen bij de kudde van Jezus; want met Ruth durfde ik betuigen: "Dat volk is mijn volk", maar evenals zo menig zwakgelovige miste ook ik de vrijmoedigheid om er bij te voegen: "hun God is mijn God"; hetwelk zich, zoals blijken zal, ook zeer goed laat verklaren. Over de ene zwarigheid had mij nu de Heere wel heen geholpen, maar een andere toch bleef nog enige tijd mij drukken. Wel wist ik nu, dat de Heere Jezus de Messias was, maar Hem als God te erkennen, o, wat druiste ik daar nog tegen aan.

Wel was ik bekend met de Schriftuurplaatsen, die van de Godheid des Heeren Jezus spraken, maar ook hier was er weer strijd tussen verstand en hart. Ik las en herlas wel Psalm 45, Psalm 110; Jesaja 9:5; Jeremia 23:6, enz. enz.; ik wist met die teksten ook wel geen weg, toch klonk mij dat woord "Drie-eenheid" immer als een wanklank in de oren. "Drie kunnen toch geen één, en één kan toch geen drie zijn". Die gedachte kwam maar immer terug; zo dikwijls terug, dat ik wat moeite gedaan heb om te kunnen vatten hoe drie één, en hoe één drie kan zijn. Ik ben de Christenen wat lastig gevallen om mij dat toch eens voldoende te verklaren; vooral heb ik dit menigmaal van Ds. Moolhuizen begeerd, die toch als leraar, zo ik meende, mij dit wel duidelijk moest kunnen maken. Telkens en telkens moest ik echter tevreden zijn met de verklaring, dat wij dit niet begrijpen kunnen, maar hetzelve eenvoudig hebben te geloven. Dit nu was mijn fout; ik wilde begrijpen, in plaats van geloven; en hoe dikwijls mij het dwaze hiervan ook onder het oog werd gebracht, ik bleef toch er immer maar op staan, totdat de Heere Zelf mij de ogen opende, en ook dit heilig mysterie gelovig door mij werd omhelsd.

Wat moet er toch veel gebeuren, niet waar, als een zondaar uit het rijk der duisternis tot Gods wonderbaar licht overgebracht wordt; wat al dammen moeten worden doorgebroken, en wat al dijken gescheurd; wat al hoogten worden geslecht, en wat al dalen worden gevuld; vooral wanneer een zoon of dochter Abrahams naar het vlees door Gods genadige hand wordt opgezocht en stil gehouden. Niet alleen is hij, zoals ieder mens, verstrikt in het net der zonde en der dwaasheid zijns harten , maar bovendien is hij omgeven door een netwerk van inzettingen en gewoonten, en van blind vooroordeel; waarom hij bijzonder veel genade nodig heeft om de vijandschap, die bijna altijd zijn deel is, met lijdzaamheid te dragen. De Heere geeft wel kracht naar kruis, maakt alles wel schoon op Zijn tijd; maar dan toch ook op Zijn tijd, en langs de middelijke weg, zodat de bekering van de Israëliet zich door toestanden en bezwaren kenmerkt, die degene, die uit Christenouders is geboren, meestal vreemd zijn.

Maar laat ik het geduld van mijn lezers die begerig zijn te vernemen, hoe het mij verder op mijn Patmos is gegaan, niet langer op de proef stellen.

Juist was ik bezig met het lezen van de mij ter hand gestelde bekeringsgeschiedenis, toen de zoon van mijn patroon binnenkwam met het vriendelijk verzoek om dadelijk bij zijn vader te komen. Terwijl ik echter uit de toon van zijn spreken minder gunstige gedachten kreeg omtrent de bedoeling der boodschap, weigerde ik aan de uitnodiging te voldoen. Toen echter weldra een tweede bode kwam met hetzelfde verzoek als de eerste, begon ik te weifelen, niet wetende wat hierin het beste zou zijn; eindelijk volgde ik de raad mijner waardin op, om in elk geval eens te gaan horen, welke boodschap men had. Toen ik nog maar pas binnen de deur was, vernam ik tot mijn grote verbazing dat men spijt gevoelde, dat het zo was gegaan. Zo erg had men het immers niet gemeend, en zo zwaar moest men alles niet wegen; waarom het maar het beste was, dat ik spoedig terugkwam, en alles weer ging zoals het te voren was gegaan.

Nu werd het mij bepaald moeilijk om een keuze te doen.

Tot terugkeren gevoelde ik niet veel trek, om reden ik vreesde, dat de vijandschap weldra zich weer openbaren zou; maar stug tegen de verzoeningsgezinden in te gaan had ook zijn bedenkelijke zijde.

Immers, in het logement waar ik nu mij bevond, kon ik wel enige dagen, maar toch niet voortdurend vertoeven, terwijl ik toch ook niet zonder bezigheid kon of mocht blijven. Waar zou ik echter een betrekking vinden, die voor mij geschikt was, en waar men mij in mijn gevoelens, in mijn tweestrijd zou kunnen verdragen? Bij Christenen niet; want ik was van de Joodsen Sabbat nog niet los, ook durfde ik nog lang niet alles eten hetgeen mij voorgezet werd, zonder te ondervragen om der consciëntie wil. Bij Joden nog veel minder; want die zouden mij volstrekt niet willen dulden, en zo zou ik hoe langer hoe meer onder de pakken, en in de strikken verward raken; dan zou ik ook veel beter in mijn vorige betrekking, dan ergens elders kunnen wezen. Dit alles overwegende, besloot ik aan de vriendelijke en sterke uitnodiging van mijn patroon en zijn echtgenote gehoor te geven, en stelde ik mij voor tot januari, als wanneer mijn diensttijd geëindigd was, te blijven, om dan te zien welke weg ik verder zou moeten inslaan.

Met deze keuze had ik volkomen vrede; te meer nu ik met veel meer vrijmoedigheid voor datgene wat mij door genade dierbaar was geworden, durfde uitkomen, en ik tevens veel meer vrijheid genoot dan vroeger, zodat ook hier, hetgeen ten kwade is gedacht, door de Heere ten goede is bestuurd; en deze voor mijn vlees geheel niet aangename toestand moest medewerken om mij in de waarheid Gods meer te wortelen en te gronden, en zodoende mij ook hoe langer hoe meer vastigheid te geven in eigen geloofsleven.

Terwijl ik, zoals ieder wel denken kan, bijna omtrent alles met Ds. Moolhuizen in overleg trad, en ik voortdurend mijn hart voor hem, alsmede voor zijn godvruchtige vrouw en godzalige dienstmaagd, uitstortte, was hij omtrent al mijn zaken goed op de hoogte, en wist hij dientengevolge ook zeer goed, dat ik, wat mijn eigen geloofsverzekering betrof, nog van verre stond. Opdat ik daarin versterkt zou worden, en de Heere Jezus als mijn Borg en Zaligmaker mocht omhelzen, achtte zijn eerwaarde het nodig, dat ik onderwijs ontving in de leer des heils, en ik, evenals de Catechisanten, Hellenbroek's "Voorbeeld der Goddelijke waarheden" van buiten leerde.

Aan de ene zijde, o zo begerig om te leren, had ik aan de andere zijde toch wel enig bezwaar om het voorstel van mijn geachte leraar aan te nemen. Dat catechiseren toch had naar mijn beschouwing te veel Christelijks, om zomaar voetstoots daarin te bewilligen. Niet dat dat Christelijke mij tegen de borst stuitte, maar het kwam, dacht me, met mijn zielstoestand niet overeen; ik was dan, vreesde ik, niet waar. Immers ter "catechisatie" gaan, al is het dan ook geheel afzonderlijk, doen alleen Christenen; en Christen was ik nog niet; daarom, meende ik, moest ik ook niet iets doen, hetwelk mij bepaald als Christen deed kennen.

Bovendien bracht ik ook nog dit bezwaar in, dat er zeer waarschijnlijk vragen in Hellenbroek voorkwamen, waarmee ik mij volstrekt niet kon verenigen, zodat het mij beter toescheen, vooreerst nog te wachten.

Ds. Moolhuizen echter, die de middelijke weg wilde bewandelen, bleef op aanneming van zijn voorstel aandringen, terwijl dan de vragen die voor mij nog duister waren, beter konden worden opgehelderd, en met Gods Woord vergeleken.

Immers: Uw *woord is mij een lamp voor mijnen voet*
Mijn pad ten licht, om 't donker op te klaren;
Zodat ik geen vrijmoedigheid meer gevoelde om langer tegenstand te bieden, en ik, na het 1ᵉ hoofdstuk uit Hellenbroek in mijn geheugen te hebben geprent, enige dagen later mij ten

huize van zijn eerwaarde begaf, om het geleerde op te zeggen en die overeenkomstig nader te worden onderwezen. Natuurlijk stuitte ik nu en dan op zwarigheden, die niet zo ineens waren weggeruimd; vooral wat de Godheid van Christus betreft; mijn waarde leermeester droeg mij echter met vaderlijk geduld, en trachtte mij alles zo duidelijk te maken als hij maar met mogelijkheid kon.

Met zeer veel genoegen was ik dan ook in dit werk bezig; ik leerde mijn vragen met grote blijdschap, en daarom zonder veel bezwaar, van buiten, terwijl ik naar de vrijdagavonden verlangde, om over het geleerde in de pastorie te kunnen handelen.

Ook is dit onderwijs voor mij niet zonder zegen geweest. Al dadelijk bij het begin werd ik getroffen, door het feit, dat ook dit werk alweer met gebed aangevangen werd, waardoor ik het onderscheid tussen de godsdienst der Joden, en die der ware Christenen al weer beter leerde kennen. Vooral echter was mij dat onderricht tot rijke zegen, om reden ik daardoor meer kennis kreeg van de leer des heils, en de weg er door gebaand werd om straks de Drie-enige God door het geloof te omhelzen. Alvorens ik hiertoe echter vrijmoedigheid gevoelde, had ik uit- en inwendig nogal vrij wat te strijden en moest ik ondervinden, dat de Heere Jezus niet gekomen was om vrede te brengen maar het zwaard.

Of ik wilde of niet, in het begin van september moest ik ter Synagoge om het Nieuwjaarsfeest te vieren, en trok ik te dien einde naar Veldhuizen, waar ik een Christelijke kennis had wonen, met wie ik vroeger te Emlenkamp zeer hartelijk had gesproken, en die ik bij deze gelegenheid meermalen heb bezocht. In de Synagoge zat ik als een gevangen man, terwijl mijn hart heentrok naar het volk van God. O hoe dikwijls brandde mijn hart niet van verlangen om zelfs tijdens de godsdienstoefening een bezoek te brengen bij Ds. Kramer, de leraar der Oudgereformeerde gemeente, ten einde even adem te kunnen halen; ik miste echter immer de vrijmoedigheid, vooral ook omdat zowel de Synagoge als het huis waar ik gelogeerd was, niet ver van de pastorie verwijderd lagen. Toch bleven mijn beginselen niet verborgen, waaromtrent ik nog al een en ander heb moeten horen. Ook een veertien dagen later, toen ik op een vrijdagavond wat laat van een gezelschap thuis kwam, liep het niet zo heel gemakkelijk af, en werd voor de tweede maal mijn ontslag mij gegeven. Toen men echter merkte dat ik, na afloop van de Sabbat, dat ontslag ernstig had opgevat, en tot heengaan mij opmaakte, werden ook nu weer pogingen aangewend om mij te doen blijven, en liet ik mij ook ditmaal weer overreden.

Op de vraag, die onwillekeurig in het hart van de lezer oprijst, hoe het komt, dat men mij per slot van rekening zo node liet trekken, dient tot antwoord, dat er tal van werkzaamheden waren te verrichten, waarvoor ik de aangewezene persoon was; en dat meestal des zondagsmorgens bezigheden moesten worden verricht, die niet konden worden uitgesteld.

Of mij het dan niet erg lastig viel om dit op zondagmorgen te doen?

Aan de ene kant ja; om reden ik o zo graag ter kerk zou hebben willen gaan in plaats van in mijn dagelijkse bezigheden werkzaam te wezen, en ik mij tevens schaamde, wanneer het kerkvolk mij tegemoet kwam. Zonde was het mij echter niet, aangezien ik aan de Joodse Sabbat nog vasthield, en nog lang geen vrijheid gevoelde, om die met de Christelijke rustdag te verwisselen. Het is niet zo gemakkelijk om datgene, wat wij als met de moedermelk ingezogen hebben, te laten varen. Men zegt, dat er tot God bekeerde Israëlieten zijn, die nimmer er toe konden komen om te eten hetgeen in de Levitische wetten verboden was; daar ben ik gelukkig nog vóór mijn doop overheen gekomen, en heb ik durven eten al wat in het vleeshuis verkocht wordt, terwijl ik vastelijk geloofde, dat alle schepsel Gods goed is, met dankzegging genoten. Toen was dat echter nog zo niet, en vierde ik ook nog de Sabbat op Oudtestamentische wijze. Dat echter mijn hart hing aan het volk en aan de dienst des Heeren, was in geen geval twijfelachtig, en trad onder andere ook door het volgende feit zeer duidelijk aan het licht.

De 14ᵉ oktober was het kermis op het dorp, en maakte ik des avonds van die gelegenheid gebruik om evenals elk jaar permissie te vragen om uit te gaan. Nadat ik aan mijn patroon, die zich zeer verwonderde, dat ik ook nu permissie vroeg, de verzekering gegeven had, dat ik heel graag deze avond vrij wilde wezen, werd mij na enige woordenwisseling, de gevraagde vrijheid verleend.

Natuurlijk ging ik- nu niet naar de kermis, nee, dat was mij onmogelijk; daarvan had ik door genade een afkeer gekregen; maar ik trachtte enige vromen bij elkander te brengen, wat mij door 's Heeren goedheid ook gelukte, en met wie ik geheel de avond heb mogen spreken over God en Zijn zaligen dienst; over 't zelfde leven, en wat er wel is omgegaan.

Toen ik ongeveer 10 uur huiswaarts keerde, was ik voor mijn gemoed zeer aangenaam gesteld, en kon ik het onderscheid zeer helder beseffen tussen dit avonduur, en dat hetwelk nu een jaar was geleden.

Levendig stond het mij voor de geest, en met diepe smart dacht ik er aan, hoe ik toen mij nog baadde in het genot dezer wereld; hoe ik toen mij gemakkelijk, ja met grote vreugde bewegen kon in gezelschappen, waar men alleen spreekt over, en alleen leeft voor deze aarde, en men voor de hemelse dingen oog noch hart heeft, en hoe dat alles nu geheel anders was geworden. Al durfde ik mij onder de vrijgekochten des Heeren nog niet scharen, dat ik aan hen mij verbonden gevoelde, wist ik maar al te goed. Zo graag als ik vroeger met wereldlingen omging, zo graag zou ik nu al de dagen mijns levens wel wonen bij des Heeren volk, en willen toeven in Zijn tempel, om de liefelijkheden des Heeren te aanschouwen, en in Hem mij te verlustigen. En dat ik die grote verandering niet aan mijzelven, maar alleen en geheel aan de vrije genade des Heeren had te danken, wilde ik ieder uur en ieder ogenblik van de dag wel bekennen.

Dit alles overdenkende, viel ik op mijn knieën voor het bedehuis der Oudgereformeerde gemeente, waar mijn weg langs leidde neder en bad dat de Heere mij daar toch brengen wilde; want het volk, hetwelk daar samenkwam, had ik lief, en met dat volk te leven en te sterven was de keuze van mijn hart. Maar o, wat kwam daar veel tegen op. Met allerlei aanvallen werd ik geplaagd; onder andere met de vraag of ik wel wist, dat, wanneer mijn gebed eens verhoord werd, ik dan op zondag rustdag moest houden, de Joodse feestdagen niet meer vieren kon, op Pasen gezuurd brood eten moest en tal van andere zwarigheden meer, teveel om te noemen en waarvan sommige, ook als de Heere mij niet had veranderd, nimmer zouden gekomen zijn.

Ook over deze gemoedstoestand sprak ik met Ds. Moolhuizen die mij een riem onder het hart stak, door eenvoudig op te merken, dat, wanneer ik de Heere Jezus maar eerst als mijn Borg en Zaligmaker kon omhelzen, al die zwarigheden vanzelf wegvielen, zoals ik dat later ook in ruime mate heb mogen ondervinden.

Toen ik teruggekeerd was verwonderden mijn patroon en zijn vrouw zich over mijn vroege thuiskomst, die andere jaren nooit dan lang na middernacht plaats vond, terwijl het nu nog maar pas 10 uur was. De juiste reden gaf ik hun niet te kennen, die zij echter een paar dagen later gewaar werden, en waarover ook nog al weer een en ander is voorgevallen.

Dat alles was echter slechts een kleinigheid bij het toneel hetwelk enige dagen later plaats vond en wel op vrijdagavond 25 oktober.

Terwijl ik van een bezoek bij H. Jacobs huiswaarts gekeerd was, trof ik mijn huisgenoten juist aan de thee, waarvan ook ik gebruik wenste te maken; maar naar aanleiding waarvan mij allerlei smaadredenen naar het hoofd werden geworpen, die ik echter alle geduldig verdroeg. Toch moest ik nog meer horen; onder andere hoe mijn familie te Coevorden, bij wie mijn patroon pas was geweest, met diepe verontwaardiging over mij had gesproken, en mijn dood gewenst had boven mijn leven. Naar aanleiding van die mededeling gaf de vrouw des huizes hare droefheid te kennen over mijn tegenwoordige toestand, en wees zij op het treurige verschijnsel, dat ik bij mijn gehele familie gehaat, en bij alle Joden veracht was.

"O", antwoordde ik, "dat is niets, als ik bij God maar uitverkoren en bemind ben".

Dit was echter teveel gezegd. Ik, meende mijn waarde patroon, mocht van God niet spreken; God kende mij niet, en bekommerde Zich niet om mij. Door 's Heeren goedheid bleef ik zeer kalm, en antwoordde ik zeer bedaard, dat God mij wel kende, en ik dit in de laatste maanden nadrukkelijk heb mogen ondervinden. Want Hij was het, zeide ik, Die mij door de Heiligen Geest had verlicht, en mij mijn zonde had doen inzien en betreuren.

Maar dit was olie op het vuur; zwijgen zou ik van God en goddelijke zaken, aangezien ik geen man was om daarover te spreken.

Het was mij echter niet doenlijk om te zwijgen over God en Zijn dienst, totdat ik bij de keel gegrepen en het spreken mij onmogelijk gemaakt werd.

Een hevig toneel volgde nu, hetwelk ik liefst niet in bijzonderheden meedeel; alleen mag ik niet verzwijgen, dat mij de grote genade verleend werd, om in navolging van mijn Heiland kinnebakslagen te mogen ontvangen. Dit was en is mij nog tot op de huidige dag een zalig voorrecht, waarvoor ik de Heere niet genoeg kan danken; ik gevoelde die kinnebakslagen wel; toch kunnen ze tegen goud niet worden gewaardeerd; ik wist, dat ik ze ontving om de Naam en zaak des Heeren, en mocht het volle vertrouwen koesteren, dat Hij, om Wiens wil ik leed, mij niet zou begeven en niet zou verlaten. Dit sprak ik dan ook vrijmoedig uit, te kennen gevende, niet bevreesd te zijn, al zette men mij ook een dolk op de borst; en dat ik veel liever wilde sterven, dan de getrouwen God te verloochenen of van Hem te zwijgen.

Dit alles was van deze gevolgen, dat ik op staande voet het huis moest verlaten, terwijl nauwelijks mij de tijd gegund werd om enige noodzakelijke kledingstukken mee te nemen. Zo was mij dan ten derden male mijn ontslag gegeven, werd ik voor de tweede maal buiten het huis gezet, en begaf ik mij, zoals ieder denken kan, opnieuw allereerst naar mijn geestelijke vader en moeder.

Dominee en juffrouw beide waren zeer met mijn lot bewogen, hoewel ook zij het aan de andere zijde een zalig voorrecht achtten, dat ik verwaardigd werd voor de eer des Heeren te mogen lijden, waarom zij mij ook op goede gronden konden bemoedigen, dat de Heere wel voor mij zorgen zou. Dit stond trouwens ook bij mij onwrikbaar vast; ik kon mij evenals David toen Ziklag verbrand was, door genade sterken in de Heere mijnen God.

Hoewel Dominee en juffrouw volstrekt wilden hebben, dat ik vooreerst in hun woning zou blijven, ging ik toch heen, om reden ik geen vrijmoedigheid gevoelde om van die vriendelijke uitnodiging gebruik te maken, en begaf ik mij weer naar de weduwe Koops, hetzelfde logement waar ik ook de vorige keer was geweest, en waar ik ook nu weer met de meeste deelneming werd ontvangen. Hier gevoelde ik mij waarlijk op mijn gemak, en nam ik mij ernstig voor, nu niet weer terug te keren, welke pogingen men ook aanwenden mocht. Dit durfde ik niet doen, om reden dat ik de Heere in de laatste tijd meermalen om uitkomst gebeden had, aangezien mij het leven in meer dan één opzicht bitter gemaakt werd; zelfs zover ging het, dat ik haast geen plekske meer vinden kon om mijn knieën te buigen voor den Heere; ik werd weldra ontdekt en niet weinig bespot. Als men niet wist waar ik was, en mijn tegenwoordigheid werd vereist, dan sprak men op snijdende wijze de veronderstelling uit, dat ik wel aan het bidden zou wezen, wat inderdaad ook meermalen het geval is geweest.

Al deze dingen echter vuurden de begeerte in mij aan, om mij toch wat vrijer te kunnen bewegen, zodat ik meermalen de

Heere heb gebeden, om een weg daartoe te openen; zou ik dan vrijmoedigheid gevoelen, om, nu de Heere mijn gebed had verhoord, terug te keren tot de plaats vanwaar ik zo graag verlost heb willen zijn? Dit zij verre. Toch moest ik de drempel der mij ontzegde woning nog weer betreden, aangezien ik mijn klederen nog moest halen, en ik nog salaris had te vorderen. Toen ik echter des zaterdagsavonds heenging om beide in bezit te nemen, werd beiden mij geweigerd en werd ik alles behalve vriendelijk ontvangen; toch is later alles terecht gekomen, en werd mij gegeven hetgeen mij toekwam.

Dat ik zeer reikhalzend uitzag naar de zondagmorgen, zal niemand bevreemden; want al was ik aan de Joodse Sabbat nog gehecht, toch verlangde ik sterk om onder de prediking van het Woord te kunnen opgaan. Immers zo zelden was mij dit voorrecht nog te beurt gevallen, en meestal in angst en vreze, dat het ter kennis van mijn huisgenoten en familie zou komen; nu echter kon ik opgaan, zonder aan iemand mij te storen, en ging ik dan ook op de gewonen tijd tempelwaarts, in de verwachting aldaar een rijke zegen te genieten.

Nu, betrekkelijk genoot ik ook een rijke zegen. Immers is het altijd een voorrecht om op te kunnen en op te willen gaan; mag en moet het als een rijke zegen worden aangemerkt, als wij ons begeven onder de zuivere verkondiging van het Woord des Heeren, en als wij in Zijn weg ons bevinden; en is het waarlijk wat groots met en voor de gemeente te mogen bidden, het gemeentelijk gezang te mogen aanheffen, en gemeenschap der heiligen te oefenen; of onder de bearbeiding van de Geest des Heeren door middel van Zijn gemeente, neer te zitten.

Dit alles in aanmerking genomen geniet men immer een rijke zegen, wanneer men naar het woord Gods ten bedehuize heengaat, en was het voor mij al een buitengewoon groot voorrecht, nu te kunnen doen waarnaar ik al zo dikwijls had gehaakt, namelijk zonder van een mens afhankelijk te zijn, en zonder vreze voor bespot of gesmaad te worden met de Oudgereformeerden tempelwaarts te kunnen gaan. In die dagen beschouwde ik dit alles echter zo nog niet, en meende ik, zoals nog zoveel Christenen ten huidige dage, dat men alleen dan een rijke zegen, of zelfs een zegen geniet, als men met aangenaamheid onder de prediking zit, en het gevoelsleven wordt opgewekt.

Dat dit nu wel zou geschieden, verwachtte ik dan ook stellig, en ging ik in deze stemming blijmoedig heen om de dienst bij te wonen, onder leiding van wijlen vader Schoenmakers uit Haaftenkamp; een man, die in het begin der Afscheiding, evenals de godzalige Ds. Sundag, nu nog leraar te Bentheim, veel om de Naam des Heeren heeft moeten lijden; een man die in geheel de beneden-Graafschap geacht, en bij het volk van God bijzonder bemind was. Deze geliefde vader in Christus was de vader naar het vlees van de waardige en godzalige Schoenmakers, die tijdens de Synode te Rotterdam, tot de algemene vergadering en de gemeente der eerstgeborenen, die in de hemelen opgeschreven zijn, opgenomen is; en vader tevens van de leraar der Oudgereformeerde gemeente te Veldhuizen.

Omdat Ds. Moolhuizen een classisbeurt moest waarnemen werd diens plaats ingenomen door genoemden voorganger, die des morgens sprak over Jesaja 56:5: "Ik zal hen ook binnen mijn huis en binnen mijn muren een plaats en een naam geven, beter dan der zonen en dan der dochteren; een eeuwigen naam zal ik een ieder van hen geven, die niet uitgeroeid zal worden". Dit nu was een uitgezochte tekst, zou men zeggen, voor iemand, wien, omdat Hij zijn heil in God had leren zoeken, en hij over de dienst des Heeren niet zwijgen kon, het verblijf binnen huis en muren, waar hij ongeveer zes jaar vertoefd had, was ontzegd. Men kan op goede gronden veronderstellen, dat zulk een woord hem niet weinig moed zou geven in de omstandigheden, waarin hij zich bevond.

Toch was dit zo niet, maar werd ik met allerlei aanvallen geteisterd.

Nu zou, meende ik, weldra vervuld worden hetgeen mij door een mijner bloedverwanten was gezegd, namelijk dat ik van gebrek en ellende zoude omkomen. Immers was ik reeds buiten betrekking, en wat moest ik nu beginnen? Waar moest ik een betrekking weer terugvinden? Bij Joden kon ik het onmogelijk meer uithouden, om reden het mij een dringende behoefte was om over de dingen der eeuwigheid te spreken, en met het volk van God te verkeren. Maar bij dat volk van God, bij de Christenen, paste ik ook niet; ja, wel voor enige uren, maar niet om voor goed met hen om te gaan als een hunner, om een betrekking bij hen te bekleden, want alle spijzen durfde ik nog niet eten en de Joodse Sabbat nog niet laten varen.

Deze en dergelijke gedachten rezen als spookgestalten voor mij op, en waren oorzaak, dat ik de waardige voorganger niet geregeld kon volgen en in veel droeviger gemoedsstemming het kerkgebouw verliet, dan ik er was binnen gegaan.

Nu kon ik die Christenen op het gezelschap bij Ds. Moolhuizen die klaagden, dat zij zulke afleidende gedachten in de kerk hadden gehad, o zo goed verstaan; nu viel ik ze over die uitlating in het minst niet meer hard, en wist ik maar al te goed, dat men ter kerk kan gaan, zonder kerkendienst te hebben verricht; ja, wel naar het lichaam, maar niet naar de geest.

Diep teleurgesteld keerde ik dan ook huiswaarts; èn diep teleurgesteld waren de Christenen, die mij met belangstelling vroegen hoe ik het had gehad, en die, evenals ik, in de verwachting hadden geleefd, dat ik verkwikt en bemoedigd zou zijn geworden. Zo bedroefd en moedeloos was ik, dat ik voornemens was om des namiddags niet weer heen te gaan; want, zeide ik, het is toch niet voor mij. De Christenen, waaronder ik mij bevond, hielden echter sterk aan, dat ik mij niet zou onttrekken; terecht wezen zij er op hoe ik meermalen had verlangd om van de openbare godsdienstoefening gebruik te kunnen maken; en dat, nu de Heere mijn begeerte vervuld had, ik ten duurste geroepen was, om in de geordende weg mij te begeven, en van het verleende voorrecht een dankbaar en biddend gebruik te maken. Deze klemmende en zeer juiste redenering kon ik niet weerleggen, zodat ik ten slotte toegaf, en met de feestvierende menigte weer opging.

Maar o, wat was ik blij, dat ik opgegaan was; dat ik niet naar mijne dwaze en ongelovige redeneringen, maar naar de raad der vromen geluisterd had; wat was ik blij, dat ik mij in het bedehuis bevond, want zo benauwd als ik des morgens was, zo ruim en opgewekt was ik nu. Naar aanleiding van Hooglied 5:16 wees de waardige voorganger op de dierbaarheid, beminnelijkheid en onmisbaarheid van de Heere Jezus, en toonde aan hoe de Bruidskerk zeer naar waarheid kon zeggen: "Zijn gehemelte is enkel zoetigheid, en al wat aan Hem is, is gans begeerlijk. Zulk een is mijn liefste; ja zulk een is mijn Vriend, gij dochter van Jeruzalem".

Hoe geheel anders zat ik nu onder het gehoor des Woords, dan enige uren geleden. Met geheel mijn hart kon ik het toestemmen, dat inderdaad alles wat aan de Heere Jezus is zeer begeerlijk moest worden genoemd; en dat er geen vriend en geen liefste als Hij in hemel of op aarde kon worden genoemd. O, hoe blij was ik dien Vriend als de Messias van Israël te hebben leren kennen, en vastelijk te mogen geloven, dat Hij ter zaligheid onzer ziel niet kan worden gemist. Neen, als de waarachtige God en het eeuwige leven durfde ik Hem nog wel niet kennen, maar er was toch een "ahnung", een onbestemd gevoel in mij, hetwelk mij zeide, dat Hij wel God zou wezen; en hetwelk mij reeds sinds enige tijd had doen bidden, dat, indien het werkelijk waar was wat door de Christenen wordt beleden, en ik dus in een Drie-enig God moest geloven, de Heere dan toch alle zwarigheden mocht wegnemen, en ik door Zijn Heiligen Geest tot Zijn eer mocht worden bewerkt.

Met een gevoelig hart kon ik God danken voor de genade, die Hij tot dusver aan mij had bewezen; en was ik in het morgenuur bevreesd geweest voor een onzekere toekomst, nu kon ik mij geheel en al aan de Heere overgeven, grotelijks verblijd, dat ik om Zijnentwil smaadheid mocht dragen; niet graag wilde ik een stap terug treden. Het was of geheel die preek uitsluitend voor mij was, en of vader Schoenmakers niet alleen met mijn uitwendige omstandigheden, maar ook met mijn hart bekend was. Vooral kwam dit in de toepassing uit, waarin onderscheidene gemoedstoestanden aangewezen, en de kenmerken genoemd werden, waaraan iemand weten kan of hij al of niet is bekeerd. Als men naar de Heere Jezus verlangde, bedroefd was, dat men Zijn nabijheid niet smaakte; over Hem en Zijn dienst graag wilde spreken; het gebed geworden was de ademtocht der ziel; men aan het volk des Heeren zich innig verbonden gevoelde; men in de voorhoven des Heeren graag verbleef; dan kon men er zeker van wezen, dat er een nieuw leven in ons was gewrocht, en dat ook wij deel hadden aan dien Zielenvriend, en aan die liefste, in Wien de Bruidskerk zich zo gelukkig gevoelde.

Deze woorden, hoe eenvoudig en onbestudeerd zij ook waren, daalden als een balsem in mijn hart en waren mij als koud water voor mijn vermoeide ziel. Naar die woorden te oordoelen, dan behoorde ook ik tot de bekeerde mensen, en was ook ik het eigendom van Hem, in Wien het volk des Heeren alles zocht en alles vond. Dit nu was mij aan de ene kant veel te groot, en bijna onmogelijk om te geloven; immers als dat zo was, meende ik, zou ik lang zo zondig niet moeten zijn als ik was, zou ik bij de dag in heiligheid moeten toenemen, en zou ik toch met mijn hart moeten geloven, waartoe mijn verstand hoe langer hoe meer mij drong, namelijk dat de Heere Jezus, niet enkel mens, maar ook waarachtig en eeuwig God is; en dat God dus bestaat als een Enig en Drie-enig Wezen. Stelde ik dat alles mij voor, dan had de twijfel de overhand op mij; dan durfde ik niet geloven, dat ik voor de eeuwigheid was gered, en moest er, hoe bemoedigend en boeiend vader Schoenmakers ook had gesproken, toch aan mij nog o zoveel gebeuren.

Stelde ik daarentegen mij voor, dat hetgeen ik daar hoorde en gehoord had, toch op waarheid was gegrond, en dat de aangevoerde kentekenen van een nieuw leven werkelijk in mij werden gevonden, dan schepte ik moed, en moest ik wel tot de slotsom komen, dat, al durfde ik dan ook niet zeggen, dat ik bekeerd, in elk geval toch wel veranderd was; en wel zo veranderd, dat ik die verandering voor al de schatten der wereld niet zou willen missen. Daarom gevoelde ik mij gelukkig in hetgeen ik was; en genoot ik een vrede voor mijn gemoed, die mij rijk en blij maakte, hoe donker het voor het uitwendige ook scheen, en hoe droevig ik des voormiddags ook was geweest.

En nog was de maat niet geheel en al vol; nog gaf de Heere mij meer te genieten.

Als slotvers werd opgegeven Psalm 138:4:

> Als ik, omringd door tegenspoed,
> Bezwijken moet,
> Schenkt Gij mij leven.
> Is 't, dat mijns vijands gramschap brandt,
> Uw rechterhand
> Zal redding geven.
> De Heer' is zo getrouw als sterk;
> Hij zal Zijn werk
> Voor mij volenden
> Verlaat niet wat Uw hand begon,
> O Levensbron!
> Wil bijstand zenden.

Wat ik hieronder genoot, laat onder geen woorden zich brengen; het was alsof de Heere mij buitengewoon met kracht omgordde, en door Zijn rechterhand mij ondersteunde. Heb ik ooit vat gehad aan en troost geput uit een psalmvers, dan was het uit dit. Meermalen is van een of andere uitdrukking gezegd: "ieder woord was een zaak", maar zo ging het mij nu ook; regel voor regel bevatte een rijkdom van troost, geheel en al op mijn toestand van toepassing. Immers was ik iemand die zich omringd zag van tegenspoed, zó zelfs, dat het huis waar ik zo lang had verkeerd, en waarvan de bewoners vroeger zo graag mij zagen, mij was ontzegd. Langs welke weg ik in mijn dagelijkse behoeften zou moeten voorzien, was mij zo donker als de nacht, terwijl ik in het morgenuur aan alle aanvallen bloot had gestaan, en het dus was: schrik van rondom.

Nu echter hoorde ik de heiligen zanger betuigen, dat wanneer wij omringd zijn door tegenspoed, zelfs als deze tot bezwijkens toe is geklommen, de Heere dan leven schenkt.

Zie, dacht ik, dan zal de Heere ook mij in mijn tegenspoed niet begeven of verlaten; al is het dan ook dat des vijands gramschap brandt, dan zal Zijn rechterhand redding geven. Die vijandschap brandde nu in lichte laaie vlam, want van buiten was er strijd en van binnen was er vrees. Fel werd ik bestookt; maar geen nood! De Heere, geloofde ik, stond boven de vijanden, die tegen Zijn wil zich roeren noch bewegen konden; en geen ogenblik twijfelde ik er aan of Zijn rechterhand zou redding geven. Van waar, en hoe die redding zou komen, wist ik niet; maar dat er redding zou komen, geloofde ik onwrikbaar zeker.

"De Heer' is zo getrouw als sterk; Hij zal Zijn werk, voor mij volenden". Vooral dit woord boezemde mij buitengewoon veel moed in. Al moest ik in zelfkennis nog o zoveel toenemen, toch had ik mij door genade als een ontrouwe en zwakke leren kennen, als iemand die tot hinken en zinken ieder ogenblik gereed is; daarom was het mij ten rijke troost dat God getrouw en sterk is, en Hij Zijn werk in mij voleinden zou. Dat God een werk in mij had begonnen, had ik reeds sinds geruime tijd durven erkennen, en was nu boven allen twijfel verheven. Neen, en duizendmaal neen, zeide ik toen, en betuig ik ook nu nog met alles wat in mij is, nooit zou ik tot God zijn gekomen, had Hij mij niet eerst door Zijn liefde en genade getrokken; ten volle beaamde ik het woord:

"Een ziele, die God zoekt, is reeds van Hem gevonden;
God zocht de ziele eerst, eer zij Hem zoeken konde".

Stond dit bij mij vast, dan laat het zich verklaren hoe des Heeren getrouwheid en macht mij tot steun waren, en het bewustzijn in mij verlevendigd werd, dat Hij Zijn werk aan mij voleinden zou. Hoe het gaan zou, wist ik niet, maar dat het goed zoude gaan, geloofde ik zeker. En terwijl ik mij van mijn zwakheid en zonde enigszins bewust was, en ik naar lichaam en ziel aan de hulpe des Heeren grote behoefte gevoelde, was de slotregel als uit mijn hart gesproken; "Verlaat niet wat Uw hand begon, o Levensbron, wil bijstand zenden". Amen zei mijn ziel daarop, en Amen zei mijn ziel op geheel dit vers; vooral toen ik, door een inblazing van de vijand, de kanttekening nazag, en tot mijn grote blijdschap merkte, dat berijming en tekst met elkander in heerlijke overeenstemming waren.

Nooit heb ik meer zó gezongen, als in dat ogenblik; nooit ben ik zó door een Psalmvers opgebeurd geworden, als door dit; al is het waar, dat de Heere mij ook later door middel van Zions liederen meermalen heeft verkwikt. Psalm 138 vers 3 is echter mijn lievelingsvers, en geheel de Psalm mijn lievelingspsalm geworden; en nimmer hoor ik een vers er uit zingen of het is mij altijd in meerdere of mindere mate een aangename herinnering; dat vers en die Psalm zijn mij geworden een staf op de reis, waarop ik gedurende deze 25 jaren nog meermalen heb mogen steunen.

Is het wonder, dat ik, toen de vromen mij na de godsdienstoefening vroegen hoe ik het gehad had, in grote blijdschap met dit vers antwoordde: "De Heer is zo getrouw als sterk, Hij zal Zijn werk aan mij volenden"; dit riep ik uit, en naar aanleiding hiervan begon ik, nog voor de kerkdeur te spreken en te vertellen hoe de Heere mij nabij was geweest, en hoe vast ik geloofde, dat Hij verder met mij zoude zijn.

Heb ik dus ooit kunnen spreken van een Bethel of Pniël, dan was het op deze 2ᵉ oktober, onder de eenvoudige maar hartelijke oefening van de godzaligen Schoenmakers, die zich grotelijks verheugde het middel in Gods hand ter mijner opbeuring te zijn geweest, en met wie ik later in Veldhuizen, in de pastorie, wanneer hij de dienst ook eens voor mij waarnam, vaak over die heerlijke en zalige namiddag heb gesproken.

Aan die middag had ik het in de middelijke weg te danken, dat ik niet voor de derde maal mij liet bewegen om mijn patroon weer te dienen, waartoe ook nu, zelfs door middel van de heer ambtsvoogd Driemeier, bij wie ik Denneboom op zekere avond aantrof, pogingen werden aangewend. Vrijmoedig gaf ik echter te kennen, dat ik hiertoe om meer dan één reden niet kon besluiten, waarbij ik vriendelijk maar ook dringend verzocht, mij het wettig verdiende loon uit te betalen, en mij tevens een certificaat van goed gedrag ter hand te stellen; waaraan ten slotte beloofd werd dat zou worden voldaan, gelijk ook aan beiden voldaan is.

Voor dat ik echter heenging werd ik voor een andere zwarigheid geplaatst; de heer ambtsvoogd namelijk drukte mij ernstig op het hart, dat ik er wel aan denken moest, dat ik, als buitenlander, die de leeftijd van 25 jaren nog niet bereikt had, mij noch in de gemeente Emlenkamp, noch ergens elders in het Koninkrijk Hannover vestigen mocht.

Terwijl ik veronderstelde, dat dit enkel gezegd werd om mij vrees aan te jagen, ging ik de volgende dag naar Nieuwenhuis, om nadere inlichtingen in te winnen. Die ontving ik dan ook, waarbij ik merkte, dat de ambtsvoogd wel waarheid, maar toch niet alle waarheid had gezegd, aangezien de heer ambtman mij meedeelde, dat, wanneer mijn geboorteakte en domiciliebewijs maar aan hem ter hand werden gesteld, het dan best mogelijkheid was, dat ik voor mijzelf een of andere zaak beginnen kon.

Den volgende dag haalde ik genoemde papieren van het Stadhuis te Coevorden en bezorgde ze daags daaraan bij de ambtman, die ze mij echter direct teruggaf met de opmerking, dat hij over acht dagen te Emlenkamp kwam, als wanneer nader over mijn zaak zou gesproken worden. Inmiddels werd in overleg met Ds. Moolhuizen en met goedvinden van de weduwe Koops vastgesteld, dat ik, in de kamer van deze weduwe een kleine handelszaak zou beginnen.

Ik had echter buiten de waard, dat is buiten de ambtman gerekend. Toen deze op de bepaalde tijd te Emlenkamp gekomen was, werd ik door zijn edele ontboden en gevraagd welke zaak ik dacht te zullen drijven; waarop ik hem mijn voornemen te kennen gaf. Nu rezen er echter zoveel bezwaren op, en zouden de kosten van beschrijving en patent zo hoog lopen, dat er in de verste verte niet aan te denken viel, om het voorgenomen plan te volvoeren; want wie in die dagen de "Herr ambtmann zu Neüenhaus" tegen had, behoefde niet lang in de Graafschap te blijven. En dat die heer, die mij acht dagen tevoren zo vriendelijk had ingelicht, thans, nu hij te Emlenkamp was, tegen mij was ingenomen, kon uit alles zonneklaar worden opgemaakt; maar het stond ook bij al de vrienden vast, dat hier Achitofels in het spel waren geweest. Kenmerkend is het document hetwelk mij van ambtswege ter hand werd gesteld, hetwelk nog in mijn bezit is, en aldus luidt:

Wenn dem Eliëser Kropveld aus Coeverden der langeren Aufenthalt in Emlicheim als Dienstbote gestattet werden soll, so kann dies nur geschehen, wenn er eine Bescheinigung des Burgermeisters in Coeverden, beibringt, welche dahin lautet:

Dasz Kropveld in Coeverden zu jeder zeit wieder aufgenommen werden soll.

Dat deze acte noch gedateerd, noch ondertekend is, geeft veel te denken, en werpt een eigenaardig licht op de Graafschapper toestanden van die dagen.

Evenwel, de Heere regeert; en vast geloof ik, dat ook die teleurstelling mee heeft moeten werken ten goede. Ik werd er door 's Heeren goedheid dan ook niet door geschokt, maar nog sterkte puttende, uit hetgeen ik pas in het bedehuis had genoten, geloofde ik vast en zeker, dat de Heere, Die zo getrouw als sterk is, ook hierin wel uitkomst zou geven.

Terwijl ik nu buiten betrekking was, had ik uitnemend gelegenheid om naar de lust van mijn hart de vromen in en om

Emlenkamp te bezoeken, waarvan ik dan ook een ruim gebruik maakte, en waaronder ik veel goeds genoot. In Volsel en Echteler, Voorwald en Laar, Ringe en Bathoorn, Bane en Kalle heb ik onder andere bij de ouders en familie van onze geliefde broeders Ds. Beuker en Bennink zalige uren mogen doorbrengen en heb ik van zo menig ervaren Christen nuttige en belangrijke wenken op het vreemdelingspad mogen ontvangen. Ook te Wilsum heb ik aangename dagen doorgebracht, en spraken wij bij Ds. Abels nog eens over onze eerste kennismaking. In ruime mate heb ik toen de waarheid bevestigd gezien van het woord des Heeren in Rom. 11, dat de aanneming van Israël een leven uit de doden zal zijn. Ik had een sterk verlangen naar de vromen, en zij waren grotelijks verblijd een Zone Abrahams in hun midden te hebben, van wie, voor zover ik kan nagaan, algemeen werd geloofd, dat hij de God van Israël in geest en waarheid wenste te dienen.

O, als ik aan die dagen nog eens terugdenk, dan beginnen die namen van zoveel vaders en moeders in Israël, van zoveel eenvoudige maar waarlijk godvruchtige jongelingen en jongedochters weer te leven; dan zou ik wel willen die allen nog eens weer te kunnen spreken, en elkander te vertellen, wat de Heere toen en wat Hij ook later aan onze ziel heeft gedaan. Maar neen, dat zal aan deze zijde van het graf nimmer gebeuren; want niet alleen zijn we ver van elkander verwijderd, maar bovendien zijn reeds o zovelen uit de strijdende kerk in de triumferende overgegaan. Eens zullen we elkander weer ontmoeten, en gedenken al de weg die de Heere ons heeft geleid, van Sittim tot Gilgal toe, en dan zingen wij in God verblijd, aan Hem gewijd, van 's Heeren wegen; Hem op volmaakte wijze lovende, voor al de leidingen die Hij met ons, en met al Zijn kinderen gehouden heeft.

Of ik in deze tijd ook versterkt werd in het geloof, kan ik door genade niet anders dan bevestigend beantwoorden, al brak het volle geloofslicht ook nu nog niet door. Toch kwam ik nader bij en begeerde ik hoe langer hoe vuriger de Heere Jezus als de ware Immanuel, als God en mens in één persoon te omhelzen. In mijn aantekeningen, die ik enige dagen na mijn doop gemaakt heb, lees ik uit deze tijd onder andere dat ik op zekere dag, toen ik van Wilsum kwam, onderweg vuriglijk bad: "O Heere Jezus, kom toch"! waarmee ik natuurlijk niet anders bedoelde dan dat Hij Zich meer en meer aan mij openbaren wilde, als Diegene in Wien alleen heil en zaligheid te vinden waren, en dat ik mij in Hem als mijn Zaligmaker mocht verheugen.

Had ik hier nu maar over nagedacht, dan zou ik tot het besluit moeten gekomen zijn, dat Hij, tot Wie ik bid, ook als waarachtig God door mij wordt erkend, terwijl ik anders gruwelijke afgoderij zou bedrijven; zo logisch, zo consequent dacht ik echter niet door; het ging mij als de discipelen die geloofden, maar tevens moesten bidden dat de Heere hun ongeloof te hulp wilde komen; of als de Emmaüsgangers, wier harten brandende waren van liefde, maar wier verstand nog niet genoeg opgeklaard was om profetie en vervulling in overeenstemming te brengen.

Ik was mijzelf dan ook een raadsel. Niet alleen geloofde ik, dat de Heere Jezus de Messias was Die komen zou, maar ik had Hem vuriglijk lief, en bad zelfs ernstig tot Hem, zonder tot de erkentenis te kunnen komen, dat Hij waarachtig en eeuwig God is. Met Ds. Moolhuizen over deze chaotische toestand sprekende, gaf zijn eerwaarde als zijn oordeel te kennen, dat er strijd was tussen verstand en hart; dat met andere woorden het hart weigerde te beamen, hetgeen door het verstand als waarheid erkend werd. Dit zal zeker zo wezen; maar ook geloof ik, dat als grond van die strijd moet beschouwd worden de diepe, ingekankerde vijandschap, die in het hart van de Jood zetelt tegen Jezus van Nazareth. De zone Abrahams naar het vlees heeft van nature bepaald een afkeer tegen de Gezalfde des Heeren, in Welken alleen behoudenis is te vinden; daarom worstelt hij tegen zo lang als hij maar kan, en geeft niet eerder als een overwonnene zich over, voordat God ook in deze hem te machtig is geworden.

De Heere echter, Die zo getrouw als sterk is, laat niet varen het werk Zijner handen, en heeft ook in mijn ziel het volle licht laten schijnen.

KERK EN PASTORIE TE SCHOONEBEEK.

8. Naar Schonebeek

Hoe aangenaam ik het in deze dagen ook had en hoe graag de vrienden mij ook in hun midden ontvingen, toch begreep ik, en begrepen ook anderen, dat een leven zonder arbeiden niet lang kon duren. Zeer sterk begon ik dan ook naar een betrekking uit te zien; maar welke? Zie, dat was juist de grote vraag. Waar zou iets, waar men mij gebruiken kon worden gevonden; want altijd stond het vieren van de Joodse Sabbat en het niet eten van alles, wat in het vleeshuis verkocht werd, mij in de weg. Ik vierde nu ook wel de eersten dag der week als rustdag, maar meer omdat ik toch niets te doen had, en ik graag ter kerke ging als wel uit drang der consciëntie; zodat het altijd een bezwaar zou wezen om bij Christenen te dienen. Toch zou dit moeten gebeuren, terwijl het mij volstrekt onmogelijk was, om mij in Joodse kringen nog te bewegen.

Er werden dan ook onderscheidene pogingen aangewend; onder andere schreef Ds. Moolhuizen, naar meer dan één zijner vrienden in Holland en Friesland; maar alles bleef zonder het gewenste gevolg. Hier had men niemand nodig, en daar had men juist iemand aangenomen, want het was vlak voor november; en elders zou men mij hebben ontboden, zoals ik enige tijd later vernomen heb, had niet de bediende, aan wien opgedragen was te schrijven, vergeten de hem opgelegde taak te vervullen.

Zo ging de ene dag na de andere voorbij, zonder dat er enig uitzicht was, waar een weg voor mij zou geopend worden; gebrek had ik aan niets, integendeel, ik had overvloed; en dat de Heere ook in de toekomst voor mij zorgen zoude, stond bij mij vast als een rots; toch wilde ik heel graag één of andere werkkring hebben, om daarin het brood mijns bescheiden deels te verwerven.

Terwijl ik nu tegen de handel een sterken afkeer had gekregen, daar ik meende, (hoewel ik nu inzie, zeer ten onrechte,) dat ik daarin niet eerlijk zou kunnen blijven, en ik geen handwerk geleerd had, wilde ik niets liever, dan boerenknecht worden. Wel wist ik, dat het boerenbedrijf mij geheel en al vreemd was; ik dacht echter dat deze of gene landbouwer, lid der Oudgereformeerde gemeente in Emlenkamp of Wilsum, mij wel in mijn onkunde dragen en langzamerhand in het boerenbedrijf opleiden zou.

Een dwaas idee voorwaar; ik was echter niet wijzer, en kon het dan ook maar zo matig stellen, toen mijn Christelijke vrienden, van wie ik dacht, dat ze mijn plan volkomen zouden goedkeuren, in plaats daarvan mij hartelijk uitlachten. Het was intussen niet anders, en ik moest mij dat laten welgevallen. Inmiddels had ik iets anders bedacht, hetwelk mij nog beter toescheen dan het vorige plan; namelijk om schaapherder te worden. Dan kon ik het grootste gedeelte van de dag lezen, bidden en zingen, en werd ik, zoals in de Graafschap de gewoonte was, nu bij de een, en dan bij de ander gehuisvest. Dit werk, dacht ik, kon ik gemakkelijk verrichten; aangezien er toch geen kennis voor nodig was om achter de schapen te lopen, en te zorgen, dat ze niet in de sloot of op doolwegen kwamen; waarom ik er geen ogenblik aan twijfelde of dit plan zou door Ds. Moolhuizen ten volle goedgekeurd worden. Dit was er echter ver vandaan. Volgens zijn eerwaarde overtuiging deugde ik evenmin voor schaapherder als voor boerenknecht, en zou ik o zo spoedig, de zaak die mij toebetrouwd was in de war sturen. Nee, voor handelen was ik in de wieg gelegd, en aan de handel moest ik mij wijden, dat was de duidelijk van God aangewezene weg; het was alleen maar de vraag hoe en waar. Terwijl ik hierover peinsde, kwam mijn waarde vriend en leraar op de gedachte dat ik eens naar Schonebeek zoude gaan, en zien of ik daar niet een of andere handelszaak kon beginnen. Dat was een dorp in Nederland, waar men van overheidswege mij volstrekt niet zou tegenwerken; waar onderscheidene Israëlieten uit Coevorden hun koopwaar kwamen aanbieden; en waar, ook omdat er een Christelijke Afgescheidene gemeente was, ik wel kans zou hebben om het nodige voor mij te verdienen.

Dominee zou mij een brief meegeven aan Ds. Schoenmaker, die mij zeker zeer vriendelijk zou ontvangen; tevens kon ik dan de dankdag voor de oogst daar bijwonen, terwijl ik bovendien gelegenheid had om met het volk aldaar nader in kennis te komen, waarnaar men op die plaats, blijkens ontvangen mededeling, zeer begerig uitzag.

Hoe goed dit voorstel nu ook was, en met welke beste bedoeling het ook werd gedaan, toch klonk het mij als een wanklank in de oren, om reden ik er o zo tegenop zag om Emlenkamp te verlaten. Immers zoveel was daar gebeurd, zolang had ik er gewoond, en zulke innige vrienden had ik er verkregen! Met het onderwijs in Hellenbroek was ik nu goed aan de gang, en met de trant van de onderwijzer enigszins bekend, van wie te scheiden mij bovendien o zo moeilijk zou vallen; op Schonebeek daarentegen was alles mij vreemd. Daarom sloeg ik het gedane voorstel af, en wilde ik liever nog wat wachten en zien of er weldra niet een geschikte gelegenheid zich zoude opdoen. Ds. Moolhuizen echter drong er sterk op aan om zijn raad op te volgen, wat van achteren gebleken is, ook zeer juist te zijn geweest, waaraan ik ten slotte dan ook gehoor gaf.

Zo kwam ik dan daags vóór de dankdag bij Ds. Schoenmaker, die mij, evenals de juffrouw, zeer vriendelijk ontving en zijn blijdschap te kennen gaf, mij van wie hij reeds sinds geruime tijd had gehoord, eens te ontmoeten. Na de brief van Ds. Moolhuizen gelezen en één en ander met mij gesproken te hebben, gaf hij mij de raad eens naar zijn ouderling Hinnen te gaan; een man, die altijd op Schonebeek was geweest en daarom er beter over oordelen kon, of ik daar ter plaatse mijn brood zou kunnen verdienen, dan Dominee zelf, meende zijn eerwaarde, terwijl ik verzocht werd om tegen de avond terug te komen; teneinde in de pastorie te logeren.

Natuurlijk volgde ik ook deze raad op en ging ik naar de aangewezen broeder; een man, die reeds op gevorderden leeftijd zich bevond, reeds lang op de weg des levens was geweest, en even als vader Schoenmakers nu en dan wel eens in de gemeente voorging.

Ook hier werd ik niet minder vriendelijk ontvangen, dan bij Ds. Schoenmaker, maar moest ik tevens mij laten welgevallen, dat vader Hinnen, die algemeen voor een vraagbaak gehouden werd, een onderzoek naar mijn zielstoestand instelde, hetwelk vrij lang duurde, maar dat tevens bevredigend afliep, gelijk ik uit alles wel kon opmerken, en later nog duidelijker is gebleken. Zo druk liep het gesprek, dat het te laat werd om naar de pastorie terug te keren, waarin vader Hinnen en de zijnen ook geen bezwaar zagen; zelfs hadden zij liever dat ik maar bij hen logeerde.

Zodoende kwam ik niet voor de volgende ochtend even voor kerktijd weer bij Dominee, die wel gedacht had, dat men mij bij Hinnen vastgehouden had, hetwelk hij trouwens zeer goed kon inschikken.

Na nog een ogenblik gesproken te hebben, gingen wij naar de kerk, waar we geboeid werden door een zeer ernstige leerrede over Psalm 116:12,13: "Wat zal ik den HEERE vergelden voor al Zijn weldaden, aan mij bewezen? Ik zal den beker der verlossingen opnemen, en de Naam des HEEREN aanroepen"; onder de behandeling waarvan ik met genot en stichting mocht zitten.

Het voornaamste was echter voor des namiddags weggelegd, toen wij bepaald werden bij Hand 14:17: "Hoewel Hij nochtans Zichzelven niet onbetuigd gelaten heeft, goed doende van den hemel, ons regen en vruchtbare tijden gevende, vervullende onze harten met spijze en vrolijkheid".

Nadat de waardige voorganger aangetoond had hoe de Heere èn aan de heidenen in vroeger eeuwen, èn aan ons tot op de huidige dag tal van liefde blijken gegeven had in het rijk der natuur, wees hij er op hoe Hij ook nog op een andere wijze onze harten met spijze en vrolijkheid wilde vervullen. Daarvoor had Hij Zijnen eniggeboren Zoon in de wereld gezonden, om hongerige en dorstige harten met Zijne gerechtigheid te vervullen. Bijzonder wees zijn eerwaarde er op hoe de Heiland eerst tot de Joden gekomen, maar door hen verworpen was, terwijl zij niet een verachten, maar een rijke en aanzienlijke Messias wilden hebben. Toch was er een vernederde, en eerst daarna verhoogde Zaligmaker beloofd, zoals wij zulk Één ook juist moesten hebben; hetwelk alles met schriftuurplaatsen werd bewezen. Toen ik dit alles zo duidelijk en bondig hoorde beredeneren ging mijn hart als het ware open, en wenste ik, dat enige Joden deze predikatie eens hoorden, die zouden dan, dacht ik, wel moeten bekennen, dat de Heere Jezus de ware Messias en de enige Naam ter zaligheid is, Die onder de mensen is gegeven.

Toen ik deze wens in mij ontwaarde, was het juist alsof een stem in mijn binnenste sprak: "Gij denkt dat uw broederen naar het vlees, die het deksel van Mozes nog op hun aangezichten hebben, en daarom nog blind zijn, zo zij slechts eenmaal de Heere Christus als de ware Messias horen voorstellen, dadelijk Hem in Zijn waardigheid zullen erkennen; en gij, die al zoveel van Hem weet, en al zoveel licht en genade ontvangen hebt, weigert in Hem te geloven".

Toen werd ik beschaamd: ik schaamde mij voor God. Ik moest bekennen, dat Hij inderdaad grote genade aan mij bewezen had; en dat ik, als ik ernstig nadacht, wel wist, dat de Messias als Godmens was beloofd, als Godmens was gekomen, en dat ik Hem ook als God en mens ter redding van mijn arme ziel nodig had.

Toen werd de Heere mij te sterk; toen durfde ik niet langer twijfelen aan het bestaan van een Drie-enig God, en zag ik duidelijk, dat ik zulk een Wezen niet behoefde te begrijpen, wat ik trouwens ook niet kon, maar dat ik eenvoudig in Hem had te geloven.

En ik geloofde en betuigde: "Heere! Gij zijt mij te sterk geworden en hebt overmocht". Ja, zo was het; de Heere daalde bij vernieuwing door Zijn Heilige Geest in mijn hart, en "ik boog me en geloofde, en mijn God sprak mij vrij". Nu bezag ik het klaarder dan ooit, dat de Heere Zijn hand van genade aan mij ten koste had gelegd; dat Hij een goed werk in mij begonnen, uit de macht des satans mij verlost en in het Koninkrijk van de Zoon Zijner liefde mij overgezet had. Nu zag ik, dat ik Jezus had gevonden, omdat Hij mij had gezocht, en ik in Zijn beide handpalmen was gegraveerd. Maar nu was het mij ook zo helder als kristal dat ik juist een Drie-enig God als mijn Redder en Heiland nodig had; nu zag ik, dat de Vader buiten Christus een vertoornd Rechter was, die met de zondaar geen gemeenschap kan hebben; nu zag ik, dat die Vader zonder voldoening aan Zijn geschonden recht, onmogelijk verzoening kon schenken, en dat ik met Hem alleen kon en moest bevredigd worden door het bloed Zijns Zoons, en dat de Heilige Geest mij de verdienste van die Zoon deelachtig moest maken, en in mijn hart als een tempel moest wonen.

Wat was dat een rijk gezegende predikatie, en wat was er nu stof om de leiding des Heeren te aanbidden!

Ik wilde niet naar Schonebeek heen, en juist was daar zulk een buitengewoon rijke zegen mij bereid. Juist daar was de plaats door God bestemd, waar het volle geloofslicht mij zou bestralen, en ik meer dan immer zou leren verstaan wat het wil zeggen vrolijker te zijn in de weg van Gods getuigenissen dan over alle rijkdom. Ja ook in het zoeken naar de weg des heils had ik mij reeds onuitsprekelijk gelukkig gevoeld; zó gelukkig, dat ik voor al het goed der wereld niet terug zou hebben willen keren; nu echter had ik gevonden, gevonden Hem, in Wien ik reeds lang heil en zaligheid had gezien; gevonden de Messias van Israël als de eeuwige Zoon des Vaders, als de waarachtige God en het eeuwige leven. Zo dikwijls was ik bevreesd geweest, dat ik niet op de rechte wijze werkzaam was, en heb dientengevolge meermalen uitgedrukt, dat, wanneer ik ook geheel mijn leven zoekende moest wezen, en ten laatste dan nog maar de vollen vrede mocht smaken, ik mij dan o zo gelukkig zou schatten. En zie, nu gaf de Heere mij al zo spoedig, zo geheel onverwacht, hetgeen ik in leven en sterven moest hebben, waarom ik, ja meermalen en ernstig, had gesmeekt, maar hetwelk de Heere toch niet verplicht was mij te geven.

Neen, en duizendmaal neen! het is vrije genade, en niets dan vrije genade, dat Hij, Wiens Naam is Ontfermer, op mij heeft willen neerzien, en uit de macht des satans en der zonde mij heeft willen trekken. Reeds lang heb ik dit, met alles wat in mij is, van ganser harte willen belijden; nu echter verstond ik het beter dan immer te voren, en moest ik het bij vernieuwing beamen:

"Een ziele, die God zoekt, is reeds van Hem gevonden;
God zocht de ziele eerst, eer zij Hem zoeken konde".

Deze eenvoudige dichtregels waren als uit mijn hart gesproken; want wat mij ook nog duister was, dit niet: dat ik nooit naar God zou hebben omgezien, indien Zijn oog niet in liefde over mij ontsloten was geweest. Neen, hoe langer hoe verder zou ik van het rechte pad zijn afgedwaald, mijn eigen wegen hebben gekozen en mij moedwillig in het verderf hebben neergestort. Hoe is het mogelijk, dat iemand, die waarachtig tot God bekeerd is, de leer der eeuwige verkiezing nog loochenen kan? Neen, dat is niet mogelijk; want nauwelijks is hij aan zichzelf ontdekt, of hij wordt bekend met de vijandschap van zijn hart, en erkent onvoorwaardelijk, dat hij niet door zijn eigen wijsheid, maar door Gods eeuwige ontferming stil is gehouden op de weg die hij ging. Theoretisch wist ik van de leer der verkiezing nog weinig af, al was ik met het hoofdstuk in Hellenbroek over de Predestinatie niet onbekend; praktisch daarentegen stond het bij mij vast, dat het enkel Gods vrijmachtig en eeuwig welbehagen was, dat Hij mij aan mijn ellende ontdekt, mij met de weg des levens bekend gemaakt, en mijn ziel gered had. Zo werd mij ook de leer der verkiezing, gelijk geheel de waarheid Gods, tot troost en kon ik met David zeggen: „Gij hebt vreugde in mijn hart gegeven, meer dan ter tijd als der goddelozen koren en most vermenigvuldigd zijn".

Voor die vreugde was zelfs dubbele reden. Niet alleen had God de nevelen, waarmee mijn oog nog immer bedekt was, genadiglijk weggenomen, en had Hij mij in de ruimte gesteld, maar ook voor het uitwendige kwam er openbaring.

Toen ik na de tweede godsdienstoefening ten huize van de leraar met de Kerkenraadsleden samen was, kwam de reden van mijn bezoek ter sprake, waarbij, zoals licht te denken valt, over mijn geestelijke en maatschappelijke toestand gesproken werd. Eenparig waren de broeders van oordeel, dat er naar de mens gesproken, niet het minste bezwaar voor mij was, om daar ter plaatse eerlijk mijn brood te verdienen. Zo goed als tal van kooplieden uit het naburige Coevorden, zou ook ik een kleine maniefactuurhandel kunnen beginnen, die onder de zegen des Heeren allicht zoveel zou opleveren, dat ik, die toch maar geheel alleen was, het brood mijns bescheiden deels zou kunnen eten. Dit werd te eerder verwacht, toen een broeder diaken mij gratis een woning aanbood en ik dus voor huishuur alvast niet had te zorgen. Zo liep door de goede hand Gods alles als vanzelf en zag ik bevestigd dat: "Voor hen, die 't heil des Heeren wachten, Zijn bergen vlak en zeeën droog".

Ik had alzo een dankdag gehad, die rijk was aan allerlei zegeningen, en die mij blij en goedsmoeds naar Emlenkamp terug deed keren.

Mijn ziel tintelde van gloed en leven, en mijn geest verheugde zich in God mijn Zaligmaker; huppelende en psalmzingende ging ik de Emlenkamper "wüsten" door, de Heere lovende voor de veelvoudige genade aan mij, onwaardige, bewezen.

"De Heer' is zo getrouw als sterk" had ik enige dagen geleden gezongen, en nu ondervond ik zo klaar en zo krachtig, dat de Heere, de God Israëls, inderdaad sterk en getrouw is beide; sterk om alle banden te kunnen slaken, en getrouw om voort te zetten wat Zijn hand eens heeft begonnen.

Had ik toen reeds zo'n buitengewoon rijke zegen onder dat 4ᵉ vers uit de 138sten Psalm, bij vernieuwing mocht ik de zoetigheid van deze redenen smaken, want nu zag ik, naar ziel en lichaam beide, bevestigd, datgene, waarop ik een paar weken geleden had gehoopt en gebouwd.

"Hij zal Zijn werk, aan mij voleinden"; zag ik dit bij de aanvang niet vervuld in het volle geloofslicht hetwelk Hij in mijn ziel uitstortte, en in het openen van de weg om in mijn dagelijkse behoeften te voorzien; en vaster dan ooit geloofde ik, dat de Heere verder in Zijn waarheid mij leiden, en naar het uitwendige van het nodige mij verzorgen zou.

Nu ik in zulk een blijde stemming te Emlenkamp kwam, spreekt het vanzelf, dat ik Ds. Moolhuizen en andere Christenen al spoedig meedeelde, hoe genadig de Heere aan mijn ziel Zich heeft betoond, en hoe wonderlijk Hij een weg heeft gebaand, hetwelk ook voor hen oorzaak van grote vreugde was en waarvoor zij met mij de Heere hebben gedankt.

Zo was dan Schonebeek de plaats, kennelijk van God mij aangewezen, waar ik weldra mijn tent zou opslaan. In het begin van december trok ik er heen, waarbij ik wel gevoelde, dat het mij zwaar viel van Emlenkamp te moeten scheiden; een rijke tegengift was het echter, dat ik mij niet ver verwijderde, en dat ik het uitzicht had, mijn oude vrienden gedurig weer te kunnen ontmoeten.

Volgens afgesproken plan ging ik nu te Schonebeek dagelijks langs de huizen, en bood uit mijn kleine voorraad manufacturen iets ten verkoop aan.

In het begin had ik een zeer grote afzet; zo groot zelfs, dat ik bij de belangstellende vrienden, meest leden van de Chr. Geref. Gemeente, de eerste week bijna geheel mijn voorraad verkocht. Die mensen konden echter niet elke week kopen, zodat de aftrek al gaande weg minder werd, en het mij en ook anderen raadzaam scheen, tegelijk met de manufacturen een gisthandel te beginnen, om de dorpsbewoners, die bijna allen hun eigen brood bakten, te kunnen bedienen. Terwijl ik graag alles wilde doen om op fatsoenlijke en eerlijke manier mijn brood te verdienen, volgde ik dit plan op, waardoor ik ook beter in mijn behoeften kon voorzien.

Een gemakkelijke weg was dit echter niet voor mij, want ik moest de gist elke week óf van de branderij te Wilsum, óf uit die te Esche halen, en deze moest aan het grenskantoor te Coevorden veraccijnsd worden. Daarom mocht ik niet de naaste weg kiezen, maar moest ik de koninklijke heirbaan langs, om niet als smokkelaar te worden aangemerkt. Dientengevolge heb ik meermalen in een brandende zon, of onder regen en onweer, met een zware last op mijn rug, 6 en 8 uren moeten zwoegen. Soms gebeurde het, dat men te Wilsum en te Esche niet of niet genoeg had, waardoor ik dan naar Veldhuizen, of zelfs naar het Roomse Wietmarschen moest, en een afstand van 10 á 12 uren heb moeten afleggen.

Wat dunkt u, nakomelingen van Abraham, mijn Broeders naar het vlees, die altijd meent, dat iemand uit uw maagschap onmogelijk Christen kan worden tenzij hij stoffelijke voordelen op het oog heeft; wat dunkt u, zeg ik, was deze weg zo bekoorlijk voor het vlees? Was het zo aangenaam om te Schonebeek onder een landelijke bevolking te verkeren, waarvan de zeden en gewoonten mij ten enenmale vreemd waren, en zelfs mij in meer dan één opzicht erg tegen de borst stuitten? Kon het een prikkel zijn om Christen te worden, dat ik mij moest vestigen in een kamer met een lemen vloer, waar onder andere een ruwe schaafbank een deel uitmaakte van het sobere meublement; en waar ik, behoudens een enkele uitzondering, zelf mijn spijze en drank moest bereiden? Was het dan zo strelend voor mijn zinnen, en zo gemakkelijk voor mijn vlees, dat ik zulke vermoeiende reizen heb moeten maken, en steeds mij met een geringe handel heb moeten tevreden stellen, die mij jawel zowat het nodige verschafte, maar volstrekt geen schone vooruitzichten bood?

Heb ik dan daarvoor van het begin af mij zoveel smaad en hoon moeten laten welgevallen; heb ik daarvoor dan Emlenkamp moeten laten varen en de schone beloften, die mij waren gegeven, schade en drek moeten achten? Zo goed als te Schonebeek had ik het toch licht overal elders, had ik het ook als Israëliet kunnen hebben. Dat God later een geheel andere weg met mij gehouden heeft, heb ik in het begin niet kunnen weten, gelijk er dan ook tal van Israëlieten tot het Christendom zijn overgegaan, die geen predikant zijn geworden, en die veel meer door de zorgen des levens gedrukt werden, dan toen zij nog in de voorvaderlijke godsdienst leefden.

Gelogenstraft is alzo de bewering, die, toen ik bij Denneboom de deur werd uitgejaagd, door mijn tegenpartijders uitgestrooid werd, dat de Christenen mij in een grote winkel zouden zetten, en ik alzo enkel door prikkels van stoffelijke aard voortgedreven werd. Trouwens, dit is een beschuldiging, die ieder tot de Heere bekeerd Israëliet zich moet laten welgevallen, en die hij al zijn leven lang, als de smaadheid van Christus heeft te dragen. Da Costa en Capadose zelfs hebben deze smaad niet kunnen ontgaan, hoeveel schatten zij ook bezaten, en hoe geëerd zij onder de Joden ook waren. Gelukkig dat God een Kenner der harten is, en dat de oprechte Israëliet, de ware Nathanaël, al is het dan ook met een tollenaarshart, zeggen kan: "Heere, Gij weet alle dingen, Gij weet dat ik u liefheb". Dan kan het ons om het even zijn wat vijandige Joden of hooggevoelende Christenen van ons denken; wetende, dat wij niet geoordeeld zullen worden naar de weegschaal der mensen, maar dat de Heere, de rechtvaardige Rechter eens alles zal blootleggen, ook de handelingen van hen, die de goddeloze rechtvaardigt, en de rechtvaardige verdoemt. Het komt er ten slotte voor een iegelijk zelf maar op aan, of hij in waarheid en oprechtheid de Heere vreest.

Toen ik een week of drie te Schonebeek was geweest, gevoelde ik sterke begeerte om eens weer in Emlenkamp te zijn, en schreef ik aan Ds. Moolhuizen dat, als het hem uitkwam, ik dan van plan was de Kerstdagen ten zijnen huize door te brengen.

Terwijl er niets in de weg was om mij te ontvangen, ging ik daags voor Kerstfeest heen, met de innige bede in mijn hart, die al eerder in mij had geleefd, dat dit eerste Kerstfeest, hetwelk door mij zou worden gevierd, een waar vreugdefeest voor mij mocht wezen, en dat ik niet enkel ter kerke mocht gaan, maar dat dit eerste Christelijke feest mij voortdurend ten zegenrijke herinnering mocht wezen. Ja ik bad, dat het de Heere mocht behagen, mij ter plaatse, waar Hij mij in Zijn genadige ontferming en eeuwige liefde gezocht en gevonden had, zodanig te verkwikken, dat ik daar een Bethel en Pniël mocht oprichten.

Die bede heeft de Heere genadiglijk verhoord, en wel in zo ruime mate, dat ik niet slechts voor een ogenblik gevoelig werd aangedaan, maar vooral doordien ik bij vernieuwing licht ontving over de waarheid, en al wederom de waarheid van Ps. 138:4 bevestigd zag.

Hoewel door het bij Ds. Schoenmaker voortgezet onderwijs in Hellenbroek de waarheid mij allengskens helderder werd, waren toch zo dadelijk nog niet alle bezwaren opgeheven. Onder andere was het mij een onbegrijpelijke zaak hoe een stukje brood en een teug wijn een middel kon wezen om in het geloof te worden versterkt; en dat die versterking wel gewerkt werd aan het Avondmaal en niet wanneer men gewoonlijk brood en wijn gebruikte. Ik geloofde natuurlijk wel dat de Heere het Heilig Avondmaal had ingesteld, en de gemeente des Heeren dientengevolge verplicht was hetzelve te vieren, maar van het sacramentele der zaak begreep ik zowat weinig of niets. De Heere was echter zo goed mij langs praktische weg dit duidelijk te maken.

Terwijl ik op de eersten Kerstdag onder de bediening van het Heilig Avondmaal nederzat en de Middelaarsverdienste van de Heere Christus hoorde aanwijzen en aanprijzen, werd het mij duidelijk, dat niet brood en wijn, maar alleen het vlees en bloed van de Heere Jezus leven aan de ziel konden schenken, en dat die uitwendige tekenen slechts afbeelden wat de gezegende Verlosser had gedaan en verworven, zodat wij, op die tekenen ziende, zichtbaar herinnerd werden aan Zijn bloedige kruisverdienste, en de gelovige langs die weg in het geloof kon worden versterkt.

Aan die kruisverdienste gevoelde ook ik behoefte; die kruisverdienste was de enige grond mijner hoop, het enige anker mijner ziel; die behoefte gevoelde ik zo diep, dat ik mij zeer moest bedwingen om van de tafel des Heeren mij verre houden. Ik begreep echter, dat ik als Israëliet, die nog geen belijdenis van het Christelijk geloof had afgelegd, aanstoot zou geven indien ik tot de tafel toetrad; gemakkelijk ging het wegblijven achter niet. Tranen des verlangens en der blijdschap beide biggelden mij langs de wangen, zodat ik met mijn hoofd op de bank al schreiende bewonderde de vrije gunst, die eeuwig Hem bewoog, om mij met Zijn volk te verenigen en mij te geven een erve onder de geheiligden door het geloof in Hem. Vooral ook was het mij een wonder, dat de Heere mijn gebed zo genadig heeft willen verhoren, en zo'n rijk gezegend Kerstfeest mij heeft willen schenken; een Kerstfeest, hetwelk mij nog helder voor de geest staat, en waaraan ik nog steeds niet anders dan met grote blijdschap kan denken.

Te Schonebeek wedergekeerd, deed ik natuurlijk evenals ik gewoon was, wat mijn hand gevonden had om te doen, en ontving ik, zoals gezegd is, bij Ds. Schoenmaker geregeld elke week onderwijs in Hellenbroek.

Toen ik dit leerboek ten einde had gebracht, oordeelde mijn waarde onderwijzer, dat ik genoeg kennis in de Christelijke leer bezat om zonder bezwaar geloofsbelijdenis af te kunnen leggen, en alzo door de Heilige Doop de gemeente des Heeren ingelijfd te worden. Omdat ik altijd gehoopt had, dat Ds. Moolhuizen, mijn geliefde vader in Christus, mij zou kunnen dopen, dit nu echter uit de aard der zaak door Ds. Schoenmaker verricht moest worden, werd onderling goed gevonden, dat Ds. Moolhuizen bij de gelegenheid de predikdienst zou verrichten, en werd bepaald dat ik op vrijdagavond 7 maart 1862 belijdenis zou afleggen, om dan de

12^e daaraanvolgende, zijnde Biddag voor den oogst, den Heilige Doop te ontvangen.

Omdat ik echter zelfs de schijn niet op mij wilde laten deze stap min of meer geheimzinnig te doen, en mede onder de zegen des Heeren ter mogelijke bekering nog werkzaam wilde zijn, schreef ik vooraf aan al mijn vier broeders en aan mijn enige zuster, alsmede ook aan enkele andere leden van mijn familie, en wel aan een iegelijk hunner een brief. Daarin zette ik vrij breedvoerig uiteen waarom ik tot zulk een gewichtvolle stap overging, en toonde aan, dat alleen in de Heere Jezus Christus redding en heil voor een arm zondaar was te vinden, en dat dientengevolge ook zij tot die Christus moesten komen, wilden zij behouden worden van de toekomende toorn. Tevens legde ik er nadruk op, dat het geheel en al vruchteloos zou zijn om mij van mijn voornemen af te brengen, aangezien ik niet met vlees en bloed te rade was gegaan; ik er lang en ernstig over had gepeinsd, en de nood mijner ziel mij drong.

Er werden dan ook geen pogingen aangewend, althans niet rechtstreeks bij mij; zeker omdat men begreep, dat reeds alles was beproefd, en dat noch beloften, noch dreigementen mij hadden terug kunnen doen treden. Toch werd ik van de meesten met een antwoord verwaardigd, dat het gewicht der zaak in aanmerking genomen, nog al vrij dragelijk was.

Althans niet rechtstreeks bij mij, zei ik zo even, werden pogingen aangewend om mij van mijn voornemen af te brengen; waarmee ik te kennen wil geven dat, ben ik goed ingelicht, een mijner tantes moet hebben gezegd, mij wel vijfhonderd gulden te willen geven indien ik mij niet liet dopen.

Toen mij dit door een Israëliet uit Coevorden meegedeeld werd, raakte ik daar waarlijk nog over aan het peinzen, en werden mij die vijfhonderd gulden als de koninkrijken der wereld, die satan mij wilde geven, indien ik maar ontrouw wilde worden aan God.

Geld en goed heeft al menigeen de zinnen verblind, en zijn niet
zelden oorzaak geworden, dat men zijn doop en belijdenis in
het aangezicht heeft geslagen, dewijl men enkel raadpleegde
met vlees en bloed, en alleen aanzag wat voor ogen is.

'"Parijs is wel een mis waard", heeft eens een Protestantse
koning van Frankrijk gezegd, en hij offerde ter wille van een
Roomse bruid zijn beginsel op, waaraan de bloedbruiloft te
Parijs op zo hartverscheurende wijze deed en doet denken.
Ook ik liep gevaar om in zilveren strikken verward te raken, en
evenals Frankrijks vorst aan te zien wat voor ogen is.

'Ik kan immers', zo begon ik te denken, 'al ben ik niet
gedoopt, God toch ook wel liefhebben en dienen. Ik kom er
dan wel niet zo ridderlijk voor uit, maar kan Hem evenwel
beminnen in mijn hart. Ben ik nu bekeerd, dan maakt mij de
doop niet onbekeerd, want de gelovigen worden in de kracht
Gods bewaard tot de zaligheid, die bereid is om geopenbaard
te worden in de laatste tijd".

Hoe fraai en vroom die redenering nu ook was, toch kon ik er
geen vrede bij vinden, te minder wanneer ik mij voorstelde hoe
ik, wanneer ik voor het uitwendige Jood bleef, van de
gemeenschap met Gods volk verstoken moest blijven en voor
God niet recht wandelde. En toen nog eens een pijl op mij
afgeschoten werd om toch dat geld te zien machtig te worden,
stond de Heere mij weer trouw ter zijde, daar door de werking
Zijns Heiligen Geestes Hij mij eensklaps en krachtdadig
herinnerde aan het ontzettende woord, hetwelk aan Simon de
tovenaar gezegd werd: "Uw geld zij met u ten verderve"!

Toen zag ik zo klaar als kristal, dat zulk geld ook mij ten
verderve zoude slepen, en dat het veel beter was armoede en
ellende te lijden om de Naam des Heeren, dan die Naam
terwille van een handvol goud te verloochenen. O zo goed kon
ik nu van zulk een kapitaal afzien, en de dichter Van Alphen
zei ik het na:

> *Wijk, wereldse schatten;*
> *Gij kunt niet bevatten,*

Hoe rijk ik wel ben.
'k Heb alles verloren,
Maar Jezus verkoren,
Wiens rijkdom ik ben.

Bij vernieuwing ondervond ik alzo, dat de Heere zo getrouw is als sterk, en dat Hij niet laat varen de werken Zijner handen.

En dat ondervond ik toen het uur aangebroken was, waarop ik voor een commissie uit de kerkenraad belijdenis des geloofs zou afleggen.

De Heere was mij kennelijk nabij, lichtte door Zijn Heilige Geest gedurig mij voor, zodat ik met helderheid en met warmte tevens de vragen mocht beantwoorden en ik, nadat men drie en een half uur mij had onderzocht, met vrijmoedigheid tot de rechten der gemeente toegelaten werd. Met spanning ging ik nu mijn doopdag tegemoet. Aan de ene kant naar dezelve sterk verlangende, aan de andere zijde er ook tegen opziende, terwijl het aan bestrijdingen van allerlei aard geenszins ontbrak.

Het was echter de Heere, Die mij ook hierin weer trouw ondersteunde; die mij biddende en worstelende die dag deed tegemoet gaan, en biddende en worstelende mij dezelve deed bereiken; terwijl ik gedurig Hem vroeg, dat Hij mij in alles wilde bijstaan, en een rijke zegen op die voor mij zo gedenkwaardige dag wilde verlenen.

En zo ging ik dan aan de morgen van de 12e maart 1862 tempelwaarts, zoals ik er nog nimmer heen was gegaan, met het grote en heerlijke doel om de Heere Jezus Christus als Israëls Messias en als de Banier der volkeren met woord en daad te belijden.

Met een talrijke schare, van verre zowel als nabij, waaronder velen uit Emlenkamp, was het bedehuis gevuld. Ds. Moolhuizen sprak bij die gelegenheid over Hand. 8:36-38.

"En alzo zij over weg reisden, kwamen zij aan een zeker water; en de kamerling zeide: Zie daar water; wat verhindert mij gedoopt te worden? En Filippus zeide: Indien gij van ganser harte gelooft, zo is het geoorloofd. En hij antwoordende zeide: Ik geloof, dat Jezus Christus de Zone Gods is. En hij gebood den wagen stil te houden; en zij daalden beiden af in het water, zo Filippus als de kamerling, en hij doopte hem".

Zeer gepast sprak zijn eerwaarde naar aanleiding van dit woord over de leiding, die de Heere met mij had gehouden, en over de plechtigheid en het gewicht, waarvan deze ure getuige was; een rede waarvan het mij o zo spijt, dat ze niet in het licht verschenen, en zodoende aan de vergetelheid overgegeven is. Dit heeft echter zeker zo moeten wezen, al kunnen wij het 'waarom' er van ook niet inzien.

En zo was dan het ogenblik aangebroken, waarin ik de gewichtigste maar ook de gelukkigste stap van mijn leven zou doen; het ogenblik waarmee ik in vroeger jaren zou hebben gespot, maar waarnaar ik sinds de laatste maanden zo sterk had verlangd; het ogenblik waarin een Zoon Abrahams naar het vlees voor God en mensen belijden zou, dat Jezus is de Christus, en dat hij in die Christus al zijn heil zoekt voor de tijd en voor de eeuwigheid beide. Zeer aangedaan beantwoordde ik de vijf vragen uit het "Formulier om de Heiligen Doop te bedienen aan bejaarde personen"; enigszins beseffende wat ik met die antwoorden beleed en beloofde. Satan schoot in deze heilige ogenblikken fel zijn scherpe pijlen op mij af; niet of ik ook nog beter deed om bij het Jodendom te blijven; neen, die pijlen had hij al zo dikwijls op mij afgeschoten, dat zij ten enenmale stomp waren geworden. Te goed had de Heere mij de zinledigheid van het tegenwoordige Jodendom, alsook de waarheid in Christus doen zien, om er ook nog maar een ogenblik aan te twijfelen, of de stap die ik deed, op zichzelf wel goed was, al wilde ook het vlees de voorvaderlijken godsdienst, en de achting der familie nog niet zo gemakkelijk prijs geven. Ik had echter hevige aanvallen op mijn staat. Veranderd was ik, ja dit was duidelijk genoeg; maar was ik wel in waarheid tot God bekeerd? Het was toch geen kleinigheid om alles te belijden, waartoe ik in dit heilig ogenblik geroepen werd.

Te belijden, dat ik geloofde in de Enigen en Drie-enige God; te belijden, dat ik in zonde ontvangen en geboren was; dat de Heere Jezus Christus de waarachtige Zone Gods en tevens waarachtig mens is; o, ik kon het met geheel mijn hart doen; ook dat ik al de artikelen der Christelijke religie toestem, en van harte voornemens was in de wegen des Heeren te wandelen, daar dit de keuze was mijner ziel, en het leven van mijn leven. Om echter te belijden: "dat ik door het geloof in Christus vergeving van zonde ontvangen heb, en dat ik een lid Jezu Christi en Zijner Kerke door de kracht des Heiligen Geestes geworden ben", dit ging niet zonder hevige strijd. Het ging mij toen, zoals het nog zo veel Christenen gaat: ik geloofde alleen wanneer ik iets gevoelde; was dat gevoel weer weg, dan was ook het geloven verdwenen. Wanneer ik naging wie ik vroeger was geweest en wie ik nu door genade was geworden, ja dan moest ik wel tot het besluit komen, dat ik vergeving der zonden had ontvangen; ik had echter dit alles graag klaarder willen zien, en graag meer levendig willen gevoelen. De Heere wilde mij echter ook toen al leren, dat de rechtvaardige niet door het gevoel, maar door het geloof leven zal. En juist moest dat gewichtvolle ogenblik, waarvan ik mij buitengewoon veel gevoeligs had voorgesteld, mij in deze verwachting teleurstellen; opdat ik door niets dan door het nuchtere en eenvoudige woord des Heeren mij zoude laten leiden. Had ik buitengewoon veel genoten, wie weet of satan mij naderhand niet geplaagd had met de gedachte, dat ik te hartstochtelijk was geweest, en in dat hartstochtelijke ogenblik maar wat geantwoord had, zonder mij eens goed rekenschap te hebben kunnen geven van de gewichtvolle taak die ik op mij had genomen. Zo blijft er altijd wat te strijden, en altijd wat te leren; te leren vooral dat die dingen waarvan wij de meeste verwachting hebben in de regel anders uitkomen dan wij ze ons hebben voorgesteld.

Was mijn geloof dus nog zwak, ik kende en wenste toch geen anderen weg te bewandelen, dan die mij in dat Doopsformulier werd voorgesteld, en was het mij een onuitsprekelijk voorrecht, de Christus des Heeren te hebben gevonden, en Hem openlijk voor God en mensen te belijden.

En zo zonk ik dan op mijn knieën neer, en werd ik met het water des Heiligen Doops besprengd. In de naam des Drie-enige Gods werd ik der Christelijke Kerke ingelijfd, en werd mij vergeving en reiniging van zonde door het bloed en de Geest van de Heere Jezus betekend en verzegeld. In de Naam van Vader, Zoon en Heilige Geest gedoopt, werd ik aan die getrouwe en genadige Bondsgod gewijd; en bij vernieuwing heeft de Heere getoond, dat Hij het Verbond met Abraham Zijn vrind, getrouw bevestigt van kind tot kind.

Groot was de vreugde, die op die 12de maart in Schonebeeks gemeente werd gesmaakt; en werd iets verstaan van de profetie, dat de wederaanneming van Israël tot volk des Heeren zal wezen als een leven uit de doden. Ook ikzelf genoot later op de dag meer leven aan mijn ziel dan in het voormiddaguur, toen ik mij zoveel had beloofd. Vooral toen ik enige vrienden uit de Emlenkamper gemeente een weinig vergezelde, zag ik weer buitengewoon helder de grote genade die de Heere mij had bewezen; gevoelde ik innig medelijden met mijn broederen naar het vlees, die in hun blindheid nog voortleefden; zag ik met grote blijdschap neer op de grote genade, die mij in het morgenuur was te beurt gevallen, en is die dag voor mij geworden een dag van jubel en dank, van lof en aanbidding.

Neen, die dag zal ik nimmer vergeten; steeds wekt hij een liefelijke herinnering in mij op; terwijl ik hem meermalen met bijzondere blijdschap heb mogen herdenken.

En wanneer het straks 25 jaar zal geleden zijn[2] dat ik verdoold schaap van het huis Israëls, heb mogen belijden dat de Heere

---

[2] Door onvoorziene omstandigheden is de uitgave van dit geschrift een

Jezus als de goede Herder mij heeft gezocht en gevonden, dan geve Abrahams God mij genade, om met huis en gemeente de weldaden Zijner genade dankbaar te erkennen, en Hem de eer te geven voor Zijn eeuwige en ondoorgrondelijke liefde, aan mij arm zondaar bewezen.

Een andere naam heb ik bij mijn Doop niet ontvangen, hoewel Ds. Moolhuizen het mij voorgesteld had, en reeds sprak van "Mattheüs", "Nathanaël" of een andere Nieuwtestamentische naam; toen ik echter de reden opgaf, waarom ik dit liever niet wilde, kon zijn eerwaarde die volkomen billijken niet alleen, maar oordeelde hij, evenals ik, dat ik ook als Christen, en wel met nadruk als Christen, Eliëzer moest blijven heten. Die reden was als volgt: Reeds tal van jaren voor mijn geboorte had wijlen mijn geliefde vader aan een borstkwaal geleden, die zijn gestel zeer had ondermijnd; kort echter voordat ik verwacht werd, scheen er een zeer grote ommekeer te hebben plaats gevonden, waardoor de hoop werd gekoesterd, dat een volkomen herstelling nu weldra zou worden aanschouwd. Mijn vader, een zeer vroom Israëliet zei tegen Moeder: "Ingeval het kind, hetwelk wij verwachten, een zoontje is, dan wijd ik hem uit dankbaarheid voor de herstelling aan God; dan noem ik hem"Eliëzer en zeg ik met Mozes: "Ki elouhei owi begnézri wajatsileini mijcheref Pargnou"; dit is: "Want de God mijns vaders is tot mijn hulp geweest, en Hij heeft mij verlost van Farao's zwaard"; Exod. 18:4. "De ziekte", zei mijn Vader, "is voor mij een zwaard geweest, en daarom wijd ik het te verwachten kind aan God".
"Zie", zei ik tegen Ds. Moolhuizen, "is dit woord van Mozes nog niet veel sterker in mij bevestigd dan in mijn Vader"? Hij toch heeft zich blijkbaar in de gewaande herstelling vergist, want reeds drie weken na mijn geboorte is hij de weg gegaan van alle vlees, en bleef moeder met een zevental kinderen

---

weinig vertraagd, zodat het eerst na 12 maart kon verschijnen.

achter. Daarenboven paste hij het gezegde van Amrams grote
zoon enkel toe op lichamelijke verlossing; ik daarentegen heb
bijzondere stof om die spreuk tot de mijne te maken. Immers
de God mijner vaderen, Abraham, Izak en Jakob, is als de
Bondsgod tot mijn hulp geweest, en heeft mij gered van het
zwaard van de helse Farao, die mij in het Egypte der zonde
zeker zou gehouden hebben, had de Heere mij er niet genadig
uit verlost.
"Geen anderen naam", was nu het besluit van mijn vaderlijke
vriend, "dan Eliëzer moet ge hebben" en zo werd ik met die
naam dan ook gedoopt.

Waarom echter is die Doop mij toegediend in de Chr. Geref.
Kerk; met andere woorden waarom heb ik mij daar, en niet bij
de Nederlandse Hervormden aangesloten? Omdat ik onder de
leiding des Heeren daar ben gebracht, en ik ook mij gedrongen
gevoelde, om in de schoot van die kerk te worden opgenomen.
Natuurlijk wist ik als Israëliet van het idee 'kerk' zo goed als
niets, terwijl ik mij daar ook niet het minste om bekommerde.
Was het echter niet opmerkelijk, dat een Afgescheiden man,
een lid van de Oud Geref. kerk in Emlenkamp het middel was
ter mijner ontdekking? Daardoor kwam ik vanzelf, zoals uit de
vorige bladzijden gebleken is, al dadelijk met leden van die
kerk in aanraking, en kon ik bij verdere ontdekking met leden
van die kerk o zo gemakkelijk spreken over hetzelfde leven en
wat er wel was omgegaan.
Ja ook wel met enkelen uit de staatskerk kon ik zeer hartelijk
spreken; toch was dit meer een uitzondering, zoals dan ook
velen wanneer ze waarachtig tot God bekeerd werden, de
"Grote kerk" verlieten, en bij de "Kleine kerk" zich aansloten;
precies zoals ik dat later meermalen ook in Nederland heb
gezien.
Het spreekt, dat ik mij in die Afgescheiden kringen zeer op
mijn gemak gevoelde, en hoegenaamd geen behoefte had om
met anderen te spreken. Toch dacht ik op zekeren dag: kom,

laat ik ook aan de twee andere leraars in Emlenkamp mijn toestand eens bloot leggen; de ontmoeting met deze dienaren des Evangelies was echter van dien aard, dat zij mij veel meer afstieten dan aantrokken. Vooral was dit met één hunner het geval, die het mij zeer kwalijk nam, dat ik, een jongeling van nog maar pas 20 jaar oud, mij reeds met geloofszaken bemoeide, en daardoor mijn familie tot een sterke aanstoot was; ik moest maar op mijn zaken passen, dat was vrij wat beter. Zo sprak een dienaar van Christus, die nog al door velen voor o zo rechtzinnig gehouden werd, tot een heilbegerige Israëliet, die omtrent de Christus graag nader wilde onderwezen worden. De andere, zeer zacht en goedig van aard, was zichtbaar bevreesd mij als Israëliet te zullen beledigen, wanneer hij mij op Christus wees als op de enige weg ter zaligheid. Zo kwam ik van beiden ongetroost terug, en gevoelde ik mij des te sterker aan Ds. Moolhuizen, aan diens gezellig en echt Christelijk gezin, en aan de leden van zijn gemeente aangetrokken. Die banden werden hoe langer hoe sterker, zodat ik mij in de kringen, waarin des Heeren wondervolle en alles bestierende Voorzienigheid mij gebracht had, zeer op mijn gemak gevoelde.

Toch zou ik op deze enkele gemoedelijke gronden mij niet bij de Christelijke Gereformeerde Kerk hebben mogen aansluiten; maar dit behoefde ook niet. Door middel van de gesprekken, die ik vooral bij verdere ontdekking over 'de kerk' hield, of bijwoonde, maar vooral door middel van het onderwijs uit "Hellenbroeks voorbeeld der goddelijke waarheden", werd mij het onderscheid tussen 'kerk' en 'kerk' vrij duidelijk; en zag ik wel zoveel, dat in de 'Oudgereformeerde Kerk' in Bentheim, en in de 'Christelijke Afgescheiden Kerk' in Nederland, de waarheid niet alleen mocht zoals in de staatskerk, maar moest worden gepredikt; dat daar, en niet in laatstgenoemd genootschap, de Sacramenten bediend werden naar de instelling van Christus, en dat er in tegenstelling van hetgeen men in de Hervormde Kerk aanschouwde, de discipline over degene die ongeregeld wandelden, naar het Woord Gods, werd uitgeoefend. Och neen, dit alles was nog niet zo geworteld en gegrond, als dat is bij mensen, die de strijd der Afgescheidenen mee gestreden hebben; of die, lid ener misvormde Kerk zijnde, hun onhoudbaar standpunt inzien, en er bijzonder werk mee krijgen voor de Heere, alles van tevoren naarstig onderzoeken; of ook als bij hen, die van kindsbeen af in de waarheid onderwezen zijn, en zowel van kerkgeschiedenis als dogmatiek tamelijk goed rekenschap kunnen afleggen. Toch wist ik wel zoveel, dat ik in de verste verte geen vrijmoedigheid gevoelde om mij bij de Hervormde kerk te voegen. Werd ik dus onder de leiding van Gods Voorzienigheid in de kringen der Afgescheidenen gebracht, duidelijk heb ik het mogen inzien, dat ik om meer dan één reden mij bij hen ook moest aansluiten, wat ik dan ook met grote vrijmoedigheid heb gedaan.

Niet weinig heb ik echter om deze stap moeten horen; neen, nu niet van mijn broederen naar het vlees; die was het om het even of ik "Coccejaans" of "Gereformeerd" werd; maar van hen, die beleden evenals ik hun zaligheid alleen in de Heere Jezus te zoeken. Men was o zo blij met mijn toebrenging, en hoe God mij geleid had wilde men o zo graag, zelfs wel herhaalde malen van mij horen; maar dat ik een "Knikkeriaan", - zo heeft men letterlijk gezegd - was geworden, nee dat kon menige lieve broeder en zuster niet verdragen. Natuurlijk heb ik ook in deze zeer liefelijke uitzonderingen leren kennen, en ook van Hervormde zijde, niet het minst tijdens mijn studie, welsprekende bewijzen van achting en toegenegenheid ontvangen. Meestal echter kon men het minder goed hebben, dat ik mij bij de Chr. Gereformeerden heb gevoegd, en heeft men meer dan eens zijn leedwezen te kennen gegeven, dat ik mij niet bij de Grote Kerk aangesloten heb. Vooral een broeder uit Israël, die enige jaren eerder dan ik tot Christus was gebracht, kon het zich maar niet begrijpen hoe een Jood afgescheiden kon worden; dat onbegrijpelijke was zó sterk, dat toen hij mij, nadat wij tussenbeiden elkander nogal eens hadden ontmoet, op zekere tijd in de hoofdstad tegemoet kwam, hij mij niet eens meer kende, ja zelfs zich nauwelijks mijn naam wist te herinneren.

Vreemd niet waar? En dat van een gelovig Israëliet! Alsof niet juist Israël een afgescheiden volk is geweest, en dat nog wel zo sterk mogelijk. Afgescheiden in zijn stamvader Abraham, die door God Zelf werd afgescheiden van de afgodendienaars, toen Hij hem riep uit Ur der Chaldeeën. Afgescheiden was Israël in zijn land, in zijn zeden en gewoonten; zó afgescheiden dat zelfs Bileam er van getuigen moest: "Zie, dat volk zal alleen wonen en het zal onder de heidenen niet gerekend worden." Num. 23:9. Ja, zo sterk was dit volk, het volk van God, afgescheiden, dat als het zijn afgescheidenheid vergat, en met de zonen of dochters van de niet afgescheidenen zich vermengde, of aan hun goden rookte, de Heere dan zwaar op hem toornde en hij die toorn in langdurige ballingschap moest dragen.

Hoe is het dan mogelijk, niet waar, dat zelfs een gelovig geworden Israëliet zich er aan stoot, dat een van zijn broederen, van wie God door genade de ogen heeft geopend, zich gedrongen gevoelt, om evenals het met zijn voorvaderen in hun bloeitijd geweest is, afgescheiden te wezen? Moet het niet veeleer verwondering wekken, dat iemand, die uit de Synagoge is getrokken, en van menselijke instellingen is vrijgemaakt, zich begeven kan tot een kerk, waar de Christus even vrij mag worden gesmaad, als in de Synagoge, en waar men door reglement op reglement verhinderd wordt het heilige des Heeren te handhaven? Moge daarom de Heere aan ieder Israëliet, die bekeerd wordt, genade geven om biddend uit te gaan op de voetstappen der schapen, en te zien waar de goede Herder Zijn kudde legert op de middag.

Behalve enkele aanvallen, die in de regel maar zeer kort hebben geduurd, heb ik op deze stap dan ook steeds volkomen vrede gesmaakt; heb ik de Heere meermalen voor Zijn trouwe leiding gedankt; en erken ik graag, tot op deze tegenwoordige tijd met blijdschap terug te kunnen zien op de keuze ook in kerkelijk opzicht gedaan.

"En hij noemde zijn naam Eliëzer", moet ik ook hierin weer zeggen; want kennelijk was de God mijner vaderen, zowel in betrekking tot het kerkelijk leven als in het algemeen, tot mijn hulp. Zijn wil, ja Zijn eeuwig raadsbesluit, zoals we nu van achteren beschouwd, kunnen zeggen, was het, dat een lid der Vrije Kerk het middel zou zijn ter mijner ontdekking; aan Zijn trouwe leiding, aan Zijn genadige ontferming heb ik het te danken, dat ik niet op de doolpaden van het staatskerkendom verdwaald geraakt ben en dat mijn oog voor zilveren en gouden strikken werd geopend.

Meer dan eens werd ik rechtstreeks of zijdelings aangespoord om toch tot de 'Grote kerk' over te gaan; vooral toen mijn begeerte vervuld zou worden, dat ik mij aan de studie zou overgeven. Toen wilde men o zo graag dat ik niet naar Kampen maar naar Utrecht zou gaan; ik gevoelde er echter geen vrijmoedigheid toe, en sloeg elk voorstel dienaangaande direct van de hand. Sterker was de verzoeking, toen ik reeds enige jaren gestudeerd had, en ik door wijlen Ds. Pauli te Amsterdam uitgenodigd werd om zijn opvolger als zendeling onder Israël te worden. Om over dit doel te spreken liet hij mij tot zich overkomen, en stelde hij mij voor, dat ik vooraf enige tijd onder z. e. leiding zou wezen, om dan in Londen eerst voor het diaconaat, en daarna voor het leraarsambt mij te bekwamen.

In dit voorstel lag zowel geestelijk als stoffelijk zeer veel bekoorlijks; toch gevoelde ik, vooral na bespreking met mijn geachte professoren, geen vrijmoedigheid lid te worden van de Episcopale kerk van Engeland, en mij aan een kring te onttrekken, waarin ik kennelijk door de Heere Zelf was geplaatst. Hoe goed dan ook de bedoeling van de door mij zeer hooggeschatte en nu zalige Ds. Pauli moge geweest zijn en hoe schoon de vooruitzichten voor mij ook waren, het heeft mij nimmer berouwd die weg niet te zijn ingeslagen, al moest ik dan ook, als zendeling der Episcopale kerk van Engeland een jaarlijks inkomen van fl. 4800,- er voor derven. De Heere zij dank, dat Hij mij op de ingeslagen weg staande heeft gehouden, en dat Hij mij in elk opzicht tot de huidigen dag toe trouwelijk heeft geleid.

DS. KROPVELD IN ZIJN STUDEERVERTREK.

9. Eben Haëzer

Ofschoon het volstrekt mijn doel niet is om breedvoerig te verhalen, wat ik al deze 25 jaren heb ondervonden, zo kan ik toch niet nalaten om met een enkel woord te gewagen, van de hulp des Heeren, die ik tot op dit ogenblik toe in zo ruime mate heb mogen genieten.

Van de tijd af, dat ik mijn eigen toestand begon in te zien, gevoelde ik ook diep medelijden met hen, die in de boeien der zonde nog gekluisterd lagen, en zou ik niets liever gewild hebben, dan het al mijn medemensen wel toe te roepen, dat zij tot God in geest en waarheid moeten worden bekeerd. Die begeerte bleef mij niet alleen bij, maar werd soms bijzonder sterk in mij gevoeld; zó sterk, dat ik niets liever wilde dan God in het Evangelie te dienen. Meermalen kwam dit dan ook ter sprake; niet alleen met deze en gene broeder of zuster, maar ook wel meer bepaald met Ds. Schoenmaker, of als ik te Emlenkamp kwam - 't welk nog al gedurig voorviel - natuurlijk met Ds. Moolhuizen evenzeer.

Deze beide Evangeliedienaren waren echter zo verstandig om mij op het hart te drukken, dat hetgeen in mij omging een eigenschap was van ieder die door God wordt bekeerd, omdat de genade mededeelzaam is; wat God met mij voor had, zeiden zij, kon natuurlijk niemand zeggen; nu was het echter de aangewezen weg om in de betrekking, die de Heere mij nu gegeven had, ijverig en getrouw werkzaam te zijn.

Elke dag was ik dan ook bezig mijn koopwaar aan mijn dorpsgenoten aan te bieden, of ik was op reis om gist of manufacturen in te slaan. Meestal had ik dan Kern Franken bij mij; waaruit ik met nog een jeugdig lid der gemeente, een zoon van vader Hinnen elke week een hoofdstuk leerde, dat onder leiding van Ds. Schoenmaker behandeld werd. Ik deed dit met buitengewoon veel genot, al wist ik toen volstrekt nog niet waartoe het nog eens zou moeten dienen; ook kan ik de Heere niet genoeg danken, dat ik onder het bestuur Zijner Vaderlijke voorzienigheid, al dadelijk na mijn doop in de leer der waarheid meer en meer werd onderwezen en bevestigd.

Onderzoeken was mijn lust en mijn leven; vooral datgene wat betrekking had op de arbeid in het Koninkrijk Gods. Zo las ik in die tijd met grote belangstelling de berichten uit Spanje, waar Matamoros, Alhama, Trigo en anderen toen zo wreed werden vervolgd. Uit mijn aantekeningen uit die dagen blijkt mij, dat ik ernstig en hartelijk voor die vervolgde broeders bad en bij Ds. Schoenmaker er op aandrong, dat zijn eerwaarde de gemeente mocht opwekken, om voor Spanjes Christenen te bidden en hun lasten mede te helpen dragen.

Ook sprak ik met zijn eerwaarde en met andere Christenen over de wenselijkheid om een jongelingsvereniging op te richten, waarvan tot mijn spijt echter niet is gekomen.

De begeerte om God in het Evangelie te dienen werd echter niet uitgeblust, al leefde zij de ene tijd ook meer in mijn hart dan de andere en al was ook het gebed dienaangaande altijd lang niet even sterk. Eens was ik zo stout om aan Ds. Schoenmaker te vragen, wat hem er van dacht of ik geen zendeling zou kunnen worden, waarop ik zeer juist ten antwoord ontving, dat dit nu althans in de verste verte er nog niet naar geleek, alsook dat daar o zoveel bezwaren aan verbonden waren. In dat antwoord kon ik maar zo matig berusten, want mijn hart brandde van verlangen om in Gods Koninkrijk te mogen arbeiden. Dat verlangen werd sterker naar mate ik langer te Schonebeek vertoefde, waaruit de bede geboren werd, dat indien het Heere behaagde, Hij mij dan enen andere werkkring mocht aanwijzen. Gedurig heb ik hierin het aangezicht des Heeren ernstig gezocht, overtuigd als ik was, dat alleen in Zijn weg Zijn zegen wordt genoten.

En Hij heeft mij genadiglijk verhoord. Geheel onverwacht ontving ik een uitnodiging van zekere mijnheer Eerelman te Stadskanaal, die mij uitnodigde om bij hem in betrekking te komen, teneinde intekenaren te verzamelen op Christelijke boekwerken.

Deze betrekking lachte mij bijzonder aan, en gaf mij veel werk voor de Heere, Wien ik gedurig ernstig bad, dat Hij ook hierin mij in de waarheid mocht leiden. Mijn vrienden te Schonebeek en Emlenkamp meenden evenzeer, dat het een wenk van de Heere was, die ik niet mocht afwijzen, en ook Ds. Schoenmaker ried mij sterk aan om de aan mij gerichte uitnodiging op te volgen. Ik gevoelde dan ook geen vrijmoedigheid haar af te slaan, tengevolge waarvan ik in het begin van oktober naar Stadskanaal vertrok, en weldra op een geheel ander gebied, dan tot dusver mij bewoog.

Met groot genot en tevens met rijke zegen ben ik in deze betrekking twee jaren werkzaam geweest; want niet alleen heeft zij bijgedragen om mij de wereld van onderscheidene zijden beter te doen kennen, maar tevens heb ik langs deze weg beslist christelijke boeken bij honderden in steden en dorpen mogen verspreiden. Daarenboven heb ik tal van lieve broeders en zusters leren kennen, die mij in hun kringen vriendelijk opnamen, en mij niet zelden met een warmte des harten hebben behandeld, waaraan ik niet anders dan met grote blijdschap en dankbaarheid kan denken. Dagen en niet zelden weken aaneen was ik soms bij broeders gehuisvest, die mij met de meeste voorkomendheid hebben bejegend, en die zich grotelijks hebben verblijd, dat de Heere Zijn genade aan een zoon Abrahams had verheerlijkt. Toch stond de zon niet altijd even hoog aan de hemel, en was ik somtijds diep moedeloos. Vooral wanneer ik Christenen hun weg hoorde vertellen, waarin zaken voorkwamen die mij geheel en al vreemd waren, veroordeelde ik menigmaal mijn staat voor de eeuwigheid.

Omdat ik toen nog niet begreep, dat de Heere Zijn gunstgenoten langs onderscheidene wegen leidt tot hetzelfde doel; nog niet begreep, dat alles wat door de vromen als bevinding verhaald wordt, niet altijd de toets der waarheid doorstaan kan, werd ik in die dagen menigmaal geslingerd, en heb soms in zeer erge mate getwijfeld of mijn hoop voor de eeuwigheid wel op goede gronden was gebouwd. Natuurlijk dreef mij dit uit in het gebed tot de Heere, Wien ik ernstig smeekte, om toch nog genade mij te schenken, indien ik nog geen genade bezat. En wat was de uitkomst? Dat de Heere mij na tobben en worstelen duidelijk liet zien, dat Hij de hand Zijner eeuwige ontferming aan mij ten koste had gelegd; dat de eigenschappen van het genadeleven zeer duidelijk in mij werden gevonden, en dat iemand, die als een arm en verloren zondaar zich heeft leren kennen, en enkel op het zoenbloed des kruises pleit, niet verloren gaan kan. Deze overtuiging werd door middel van het onderzoek van Gods Woord hoe langer hoe vaster, al is het waar dat satan nimmer zal ophouden, om de gelovige te doen wankelen aan Zijn God. Gelukkig echter weten wij, dat de Heere zo getrouw is als sterk, en dat Hij de voorwerpen Zijner liefde in Zijn beide handpalmen heeft gegraveerd. Daarom kunnen wij goede moed houden en het de apostel Paulus nastamelen: dat niemand ons van de liefde van Christus zal kunnen scheiden.

Vele, zeer vele werkzaamheden heb ik ook in dat tweejarig tijdvak gehad met de begeerte om als dienaar des Heeren werkzaam te zijn. Soms gevoelde ik hiertoe een brandend verlangen, en kon ik eerlijk voor God betuigen, liever als Evangeliedienaar een schamel stuksken brood te willen eten, dan in een andere betrekking een ruim bestaan te hebben. Maar dan kwamen er ook weer tijden waarin ik alles zover mogelijk van mij wierp; niet omdat de begeerte was geblust, maar omdat het mij ten enenmale onmogelijk scheen ooit mijn verlangen bevredigd te zullen zien.
Vooreerst had ik veel te doen met de inwendige roeping tot de dienst van het Evangelie; want het stond bij mij vast, dat ik van God en niet enkel door een mens tot dat heilig werk geroepen moest zijn; terwijl ook bezwaren van anderen aard mij drukten. Dat alles bracht mij veel voor de Heere, Wien ik vurig bad, dat Hij mij toch ook hierin in Zijn wegen mocht leiden; hetwelk Hij ook trouw heeft gedaan.

Door middel van vader Brakel ontving ik licht over de inwendige roeping, waarvoor ik wel haast een stem uit de hemel had willen ontvangen; waartegen genoemde Godgeleerde echter zeer sterk waarschuwt, terwijl hij zó over de inwendige roeping tot het leraarsambt schrijft, dat ik niet weinig moed vatte toen ik tot mijn verwondering zag, dat Brakel er precies zo over schreef als ik het had leren kennen, en dagelijks het aangezicht des Heeren er in zocht.

Ik kan natuurlijk over deze zaken niet uitweiden, terwijl het hoofddoel van dit geschrift is om mee te delen hoe de Heere mij uit de duisternis van het Jodendom tot het licht der waarheid heeft gebracht, en niet om geheel mijn levensgeschiedenis in het bijzonder te verhalen. Verzwijgen mag ik echter niet, dat ik o zo bevreesd was lichtvaardig in zulk een heilige zaak te handelen, en dat ik niet eer besloten heb om mij aan de studie te wijden, dan nadat ik er veel mee geworsteld heb voor Gods troon, onder die worsteling veel troost gesmaakt heb uit Gods Woord, en ik mij aan God heb overgegeven, omdat ik vreesde te handelen tegen Zijn wil. Want hoe graag ik Hem ook in het Evangelie wilde dienen, werd ik toch door duizend zorgen en duizend noden gekweld toen het er op aan kwam, om te besluiten. Ik heb het echter gedaan met biddend opzien tot de Heere, en met de innige begeerte des harten om zielen voor Zijn Koninkrijk te winnen, en zo tot Zijn eer werkzaam te zijn.

En die God, tot Wien ik heb gezucht en gebeden, heeft kennelijk mij verhoord en wonderlijk mij geholpen.

Nog lang voordat ik besluiten durfde om mij aan de studie te wijden, werd ik van onderscheidene zijden hiertoe aangespoord, en werd de belofte van hulp mij gegeven; en toen ik te Kampen was, vloeiden de middelen van alle zijden zo ruim toe, dat ik steeds onbekrompen heb kunnen studeren en ik aan het einde der studie ook op financieel gebied zonder bezwaar Kampen heb kunnen verlaten.

Toen ik pas bij Ds. W. Diemer te Alphen was, die de goedheid
had mij, eer ik naar Kampen ging, in het Nederlands en Latijn
onderricht te geven, en die steeds een vaderlijke vriend voor
mij is geweest, waarvoor ik bij deze zijn eerwaarde nogmaals
mijn hartelijke en innige dank toebreng, kwam het water een
ogenblik haast tot de lippen; de Heere gaf echter spoedig
uitkomst, zodat ik ook tijdens mijn studie ervaren heb, dat de
Heere zo getrouw is als sterk.
Dit heb ik ervaren in letterlijk elk opzicht. Behalve dat ik mij
om de handelingen van de leeftocht niet heb behoeven te
bekommeren, gaf de Heere mij het voorrecht, dat ik over het
algemeen zeer gemakkelijk heb kunnen studeren. Tegen de
Examens zag ik nochtans schrikkelijk op, ten volle overtuigd,
dat als de Heere mij niet bijstond, aan doorkomen niet te
denken viel. Maar ook in deze heeft de Heere de vreze
beschaamd en mijn stamelende gebeden genadiglijk verhoord,
zodat ik, na steeds een volkomen gezondheid te hebben
genoten, in juli van het jaar 1870 in de wijngaard des Heeren
kon worden uitgestoten, en met de beminde mijner ziel, die
met mij gewacht, maar ook met mij gebeden had, door de band
des huwelijks kon worden verenigd. Van de vier beroepen die
ik toen heb ontvangen, heb ik dat naar Veldhuizen
aangenomen; onder andere omdat ik tot het land en het volk
mijner tweede geboorte mij bijzonder aangetrokken gevoelde.
Meer dan drie jaar heb ik onder dat eenvoudige, maar zeer
degelijke volk, wel niet zonder strijd, echter ook niet zonder
genot en zegen gearbeid; waarop ik, na voor drie roepingen te
hebben bedankt, mij gedrongen gevoelde om de roepstem van
de Gemeente Koudum op te volgen, waar wij met ons geliefd
kind, dat toen ruim 2 jaren oud was, in januari '74 aankwamen.
Ook daar heeft de Heere mij gedurende mijn bijna zesjarige
Evangeliearbeid buitengewoon gezegend. Het verstrooide werd
weer vergaderd, en het afgedwaalde terecht gebracht; vele
zondaars werden bekeerd en Gods volk werd gebouwd, terwijl

aan de zending onder Israël en de volkeren met lust werd gearbeid.

Innige banden zijn ook daar gelegd en aan geheel de gemeente kan ik, en kan mijn geliefde vrouw en dochter, niet anders dan met grote blijdschap denken. Niets dreef mij dan ook van haar weg, en graag zou ik aan de ene zijde, evenals twee keer vroeger, ook voor de roeping naar Minnertsga hebben bedankt. Ik gevoelde hiertoe echter geen vrijmoedigheid, want God bond mij die gemeente zó op het hart, dat ik, hoe raadselachtig dit velen ook scheen, mij gedrongen gevoelde het arbeidsveld aldaar te aanvaarden.

En al wederom heeft de Heere mijn keuze met Zijn heilige goedkeuring bekroond en boven bidden en denken mij gezegend.

De 6 jaren en 10 maanden, die wij daar hebben mogen doorbrengen, behoren inderdaad tot de gelukkigste van ons leven. Op meer dan ene wijze heeft de Heere daar mijn arbeid zichtbaar gezegend, hetwelk vooral duidelijk werd in een tweetal gebedsverhoringen, in het belang van een paar zusters der gemeente, die in hevige benauwdheid verkeerden, de één naar het lichaam, de andere naar de ziel.

Die gemeente, in vroegere jaren zo dikwijls beproefd, heeft de Heere door mijn geringe arbeid willen bouwen en sterken, zodat zij in meer dan één opzicht is vooruitgegaan, en zij hun leraar kon huisvesten in een woning, die, zoals algemeen betuigd wordt, de fraaiste en fraaist gelegene van het dorp is.

Neen, wat de Heere ook daar voor de gemeente en daarom ook voor ons geweest is, zal ik, noch zal mijn vrouw en dochter, nimmer vergeten. Ook daar zijn banden gelegd, die nimmer zullen worden verbroken, terwijl vooral de catechisanten bijzonder aan de leraar en de zijnen zich verbonden gevoelden. Niemand dacht er dan ook aan, dat, toen ik voor zes beroepen, waaronder zeer aanzienlijke, had bedankt en ik een prachtige woning met sierlijke bloementuin, wel voorziene boomgaard, en zeer groten moestuin tot mijn beschikking had, ik Minnertsga voor Alblasserdam zou verwisselen.

Maar ook hier kreeg ik weer veel mee te worstelen in het gebed, en bad mijn geliefde echtgenote, evenals vroeger met mij, dat de Heere mij toch Zijn wil duidelijk mocht doen zien, en genade geven om die wil kinderlijk te volgen. Al was het dan ook met een tollenaarshart, toch wensten wij niet onze eigen weg, maar de weg des Heeren te gaan. Soms wist ik niet wat ik moest doen; toen ik echter hoe langer hoe klaarder inzag, dat ik naar de mens gesproken veel nodiger een gemeentetje moest helpen, hetwelk meer dan 6 jaren herderloos was geweest, en veel troebelen had beleefd, dan een gemeente, waar ik nu alreeds bijna 7 jaar gearbeid had, en die naar ons inzien gemakkelijk een leraar terug kon bekomen, toen zeg ik, had ik geen vrijmoedigheid meer om de roeping af te wijzen, maar nam haar onder biddend opzien tot de Heere aan.

Veel moest worden losgemaakt; veel strijd moest worden gestreden en menige aanval moest worden afgeslagen; maar ook hierin heeft de Heere weer wonderlijk geholpen, en heb ik gedurende deze tijd veel troost uit Zijn Woord mogen genieten. Het bewustzijn, dat ik in Gods weg was, gaf vrede aan mijn gemoed, en maakte bergen vlak en zeeën droog.

Dus ook in deze was het alweer Israëls God, Die krachten gaf, en Die tot op dit ogenblik toe veel kracht heeft gegeven, en Die zijn kracht in zwakheid heeft volbracht.

Wel ben ik nog maar een half jaar hier, maar toch heb ik al in ruime mate ondervonden, dat de Heere met ons is.

Mensen, die vroeger van God en Zijn dienst niet hebben willen horen, komen geregeld onder de Evangelieprediking op; ja er zijn er die hun zonden beginnen te bewenen, en om vergeving derzelve vragen. Gods volk gevoelt zich nauwer aan elkander verbonden, en geheel de gemeente begint te herleven. Er heersen liefde en vrede, terwijl uit alles blijkt, dat de gemeente het bezit van een leraar weet te waarderen en dat de blaam, die zolang op dit hutje in de komkommerhof heeft gerust, waarlijk niet is verdiend. Nog immer zie ik met welgevallen op de gedane keuze terug en word ik bijna dagelijks bevestigd in de overtuiging, dat ik een keuze heb gedaan, waarop de goedkeuring des Heeren zal rusten.[3]

Dus de Heere heeft alles welgemaakt; welgemaakt tot op deze dag, en daarom: "EBEN HAEZER. Tot hiertoe heeft, de Heere mij geholpen".

Wat ik ben dat ben ik door Zijn genade, Die mij arm verdwaald schaap, heeft gezocht en gevonden, en in duizenderlei opzichten Zijn goedertierenheid en trouw heeft betoond. Toen ik als een ongebreideld paard op de weg der zonde voortholde, heeft Zijn almachtige en onweerstaanbare hand mij staande gehouden; Hij was het, Die mij mijn verloren toestand deed inzien, en onder Zijn trouwe leiding tot Zijn volk bracht, om mij in het woord der waarheid nader te onderwijzen. Aan Zijn eeuwige erbarming heb ik het te danken dat ik naar de Messias leerde vragen, en Jezus Christus als de enige en als de ware Zaligmaker heb leren kennen.

Gemakkelijk ging het niet om voor die Christus te knielen, maar Hij Die een goed werk in mij had begonnen, en Die zo getrouw als sterk is, maakte mij gedwee en gewillig, om aan de voeten van de Heere Jezus neer te vallen, en Hem te erkennen als mijn heil en mijn eer, als mijn Redder en Koning, als de waarachtige God en het eeuwige leven.

Vijf en twintig jaren zijn sinds vervlogen, maar nog nimmer heb ik een ogenblik berouw gehad, die Christus te hebben gevonden, en aan Zijn dienst mij te gewennen. Wel het tegendeel; wel heeft het mij gesmart, en smart het mij diep, zolang buiten Hem te hebben geleefd; zo lang Zijn weldaden te

---

[3] Heden, nu ik drie maanden later de drukproeven nazie, ben ik in die overtuiging niet weinig versterkt, omdat de arbeid bij de voortgang rijkelijk wordt gezegend, en de banden der liefde hoe langer hoe sterker worden gevoeld.

hebben miskend; zo lang voor Zijn roepstemmen mijn oor te hebben gesloten.

Indien ik gewild had, ik heb tijd gehad om terug te keren; maar Gode zij dank, Die ook zelfs voor de begeerte daartoe mij immer genadiglijk heeft bewaard. Hoe donker het er van buiten of van binnen soms ook uitzag, hoe hevig ik ook werd bestreden met de vrees, dat mijn werk geen waarheid zou wezen, aan terugkeer tot het Jodendom heb ik door de genade des Heeren nimmer gedacht. Nee, te goed was en ben ik er van overtuigd, dat het nu nog veel meer van Israël geldt, dan in de dagen van Jesaja: "Dat volk nadert tot Mij met de lippen, maar zijn hart is verre van Mij". In Christus Jezus, en in Hem alleen is zaligheid te vinden voor het hart; Hij is de enige Naam Die onder de mensen tot redding gegeven is. Wie tot Hem niet komt, is en blijft verloren; maar wie ook bij Hem behoudenis zoekt, wordt behouden, want een iegelijk die de Naam des Heeren zal aanroepen zal zalig worden. In Zijn wonden wens ik dan ook bij de voortgang te schuilen, aan Zijn voeten al de dagen mijns levens ootmoedig te knielen, op Zijn genade kinderlijk te pleiten. In voor- en tegenspoed wens ik aan Hem, Die de Rots der eeuwen is, mij vast te klemmen, en in leven en sterven op Zijn kruisverdienste te hopen en te bouwen. Ja,

> *Jezus! Uw verzoenend sterven*
> *Blijft het rustpunt van ons hart,*
> *Als wij alles, alles derven*
> *Blijft Uw liefd' ons bij in smart.*
> *Och! wanneer mijn oog eens breekt,*
> *'t Angstig doodzweet van mij leekt,*
> *Dat Uw bloed mijn hoop dan wekker*
> *En mijn schuld voor God bedekke!*

Dit is de enige grond mijner hoop, en mijn enige en waarachtige troost beiden in leven en in sterven.

O, mochten daarom velen van mijn broederen naar het vlees die enige troost leren kennen; en verstaan, dat niet ons onvolkomen doen, maar alleen 't geloof in Gods genade, de vrede brengen, de verzoening sluiten kan. Welk een vreugde en welk een stof tot ootmoedige dank zou het geven indien de Heere onder mijn geliefde bloedverwanten, en verder onder de huize Israëls krachtdadig werkte.

O, onderzoekt daarom, gij allen uit Abraham gesproten, die deze bladzijden leest toch eens met alle ernst het Profetische woord; dat moogt ge toch wel doen; dat kan zelfs geen Rabbijn u verbieden, want het zijn de geschriften uwer Vaderen, wier Zonen gij zo graag u noemt, en die in de Naam van Israëls God hebben gesproken.

Zal het niet ontzettend wezen, op de afkomst uit Abraham te hebben geroemd, maar geen geesteskind van Abraham te zijn, de God van Abraham niet te hebben leren kennen?

Weet ge dan niet, dat reeds Jeremia, hoofdstuk 9:26, geklaagd heeft: "Alle de heidenen hebben de voorhuid, maar het ganse huis Israëls heeft de voorhuid des harten", en zou uw zedelijke toestand nu beter wezen dan in de dagen van de man uit Anathoth? Is het dan de moeite niet waard over deze dingen eens ernstig na te denken, en u als in de tegenwoordigheid van een alziend God af te vragen, hoe het komt, dat gij sinds meer dan 18 eeuwen geen tempel en priester meer hebt, en als ballingen over geheel de aarde zijt verstrooid. Als ge deze ballingschap vergelijkt met de vroegere, moet het u dan niet tot nadenken stemmen, en de vraag bij u doen oprijzen, waaraan het toch wel te wijten zou zijn, dat onze vaderen om de zonde van afgoderij maar 70 jaren in Babel zijn geweest, terwijl toen nog een Ezechiël en Daniël, als trouwe boodschappers des Heeren de hoop op herstel levendig hielden; maar dat nu reeds eeuwen over de ballingschap zijn heengegaan, en elke profetie en elk gezicht wordt gemist, zoals gij zelf in menig gebed zeer terecht klaagt. Op al die vragen geeft het Getuigenis des Heeren een beslist en duidelijk antwoord, en wel dit: "omdat wij de Messias verworpen, aan het kruis Hem hebben genageld, en ten overvloede Zijn bloed over ons en onze kinderen hebben ingeroepen". Dat was een ontzettende kreet, een kreet die niet te vergeefs is geslaakt, omdat dat bloed nu al bijna twee duizend jaren over ons en over onze kinderen komt.

O, in de Naam van Israëls God bidden wij u, dat gij dit bloed toch niet langer verwerpt, maar innig verlangt, dat het over u en uwe kinderen kome, ter verzoening uwer zonden. Dat bloed, geliefde broeders uit Israël! is het enige: Korban, en de enige Kaporah, waardoor uwe zielen kunnen worden gereinigd, en waardoor gij kunt gerechtvaardigd worden voor God. Dat bloed is het bloed des Verbonds, waarop al de offeranden en wassingen zagen, die ooit op Zions berg hebben plaats gevonden. Dat bloed brengt ons de ware Jom Kippoer, de enige verzoendag, geeft de ware vrede en zal eens de hemel voor ons ontsluiten.

Wanneer we door dat bloed gewassen en gereinigd zijn, zijn we pas rechte kinderen van Abraham; want dan is het geloof van Abraham ons geschonken, en is Abrahams God onze God eeuwig en altoos.

Vlucht daarom, Israël vlucht! tot de God uwer vaderen; tot Hem Die naar het woord Zijner trouw nog geen voleindiging met u heeft gemaakt, en bidt, gelijk eens David heeft gebeden: "Ontdek mijn ogen, opdat ik aanschouwe de wonderen Uwer wet"!

Als dit gebeurt, dan zult gij, mijn waarde vriend en broeder Jakobs, die het middel in Gods hand ter mijner redding bent geweest, u grotelijks verblijden, niet waar?

Dat uw hart warm voor Israël klopt, is gebleken toen gij mij de noodzakelijkheid der bekering voorstelde, en mijn dwaze tegenwerpingen met Christelijke lankmoedigheid hebt verdragen. Nu, God de Heere heeft u loon op uw arbeid gegeven, doordien uw woord voor mijn hart is gezegend, en ik nu na vijf en twintig jaren, nog steeds met grote blijdschap terug denk aan die avond, toen wij elkander voor het eerst bij Reinink hebben ontmoet. Hoe vaak heb ik die avond niet genoemd, wanneer ik in de kringen der vromen verzocht werd om iets te vertellen van hetgeen God aan mijn ziel had gedaan; en wat werd het hart der vromen dan warm, als zij vernamen, hoe de Heere door middel van uw woord, in eenvoudigheid gesproken, Zijn genade aan mij had verheerlijkt. Laat het u tot blijdschap wezen, mijn broeder, dat dat eenvoudige woord niet ijdel is geweest in de Heere, en dat door middel van mijn mededelingen ook weer anderen zijn getrokken. Liefelijke en bemoedigende ervaringen heb ik ten dezen mogen opdoen, die ons met dankbaarheid en blijdschap kunnen vervullen, en ons een prikkel kunnen wezen, om aan alle wateren te zaaien.

God de Heere, geliefde broeder! doe u groeien en bloeien in Zijn genade; stelle Hij u voor Israël en naam-christen ten rijken zegen; schenke Hij u en de uwen in ruime mate alles wat gij voor tijd en eeuwigheid behoeft; en brenge Hij ons gedurig aan de voet van het kruis, waardoor de middelmuur des afscheidsels is weggenomen, en waarin Jood en heiden samen kunnen roemen.

En dat ik dit door genade heb leren doen, hoeveel hebt gij, onvergetelijke vriend en vader Moolhuizen, daartoe niet bijgedragen.

Was broeder Jakobs de Paulus die geplant heeft, gij waart de Apollos, die hebt natgemaakt, waarop God de Heere zo rijkelijk Zijn wasdom heeft gegeven.

Neen, nimmer kan ik vergeten wat gij voor mij zijt, wat uw reeds sinds jaren zalige echtgenote, wat ook uw trouwe en vrome dienstmaagd Geziena, die ook alreeds met de verlosten jubelt, voor mij is geweest. Altijd stond uw huis en hart voor mij open; nimmer kwam ik u te veel; nimmer werd gij over mijn vele en ongerijmde vragen en tegenwerpingen verdrietig. Als een vader hebt gij mij geraden, als een Vader mij, waar het nodig was, beschermd en - laat ik vooral niet vergeten - als een vader mij op mijn feilen gewezen, en in de middelijke weg, mij, onbezonnen jongeling als ik was, voor menig dwaze stap liefderijk bewaard.

Hartelijk dank, waarde broeder voor alles wat gij naar lichaam en ziel aan mij hebt gedaan, voor al de bemoeienissen, die gij met mij hebt gemaakt. Israëls God, tot Wie gij zo dikwijls voor mij hebt gebeden, op Wien gij mij in het catechetisch onderwijs zo trouw hebt gewezen, en aan Wien gij mij, toen ik in de Heilige Doop aan Hem werd gewijd, zo vurig hebt opgedragen, zij u bij het klimmen uwer jaren steeds ten goede nabij. Spare Hij u nog lang voor uw geliefden Jan Jurrien en Cornelis, die gij tot uw en ook tot mijn grote blijdschap in de wegen des Heeren ziet wandelen. Stelle Hij uw bediening voor velen uit Israël en de volkeren ten rijken zegen, opdat door uw woord en wandel, naar de innige begeerte van uw hart, nog menigeen voor onze trouwe God en Zaligmaker mag worden gewonnen. En is dan eens de avond van uw leven genaderd, dan geve Israëls grote God en Koning u een ruime ingang in het Koningrijk der hemelen, om u als een Zijner trouwe dienstknechten te doen blinken als de glans des uitspansels; en om uw zaligheid te verhogen door de liefelijke gedachte, dat gij een zoon, uit Abraham gesproten, tot Abrahams God, dat is, tot Jezus hebt geleid.

Kan ik mijn waarde leermeester en leidsman, mijn evenzeer onvergetelijke tweeden leraar Ds. Schoenmaker mijn dank niet meer toebrengen, omdat hij reeds sinds vele jaren zelf zijn kroon heeft neergelegd aan de voeten van het Lam, en met de verlosten jubelt, ontvang gij dan, geliefde zuster in de Heere, die in Schonebeeks pastorie met hem, die uw eerste levensgezel was, uwen God in het Evangelie hebt gediend, de betuiging mijner erkentelijkheid voor alles wat gij met uwe trouwe wederhelft voor mij zijt geweest.

Ook uw hart tintelde van vreugde, nietwaar, toen gij er getuige van waart, dat uw voormalig echtgenoot, het water des Heilige Doops op mijn voorhoofd sprenkelde; toen welde een traan ook uit uw oog, en hebt ge met geheel de gemeente God hartelijk gedankt voor de genade, die Hij mij had bewezen.

Zijt ge heden, geliefde zuster, in een geheel andere weg geplaatst, de Heere, doe ook nu Zijn vriendelijk aangezicht over u en uw echtgenoot in ruime mate lichten, en vergelde u in dubbele mate de liefde en hartelijkheid, die gij mij steeds zo ondubbelzinnig hebt bewezen.

O, hoe graag zou ik in dit ogenblik allen willen gedenken, met wie ik in de eerste tijden mijner verandering zo aangenaam in kennis ben gekomen, en die een hand en voet op de weg voor mij zijn geweest. Hoe graag zou ik al de dorpen en buurtschappen van Emlenkamps gemeente nog eens weer willen doorwandelen, en al die vaders en moeders, al die broeders en zusters in de Heere mij nog eens weer voor de geest brengen. Maar neen! dit kan, dit mag ik niet; dit zou tever van mijn doel mij afleiden, te veel naar schepselvergoding gelijken. Zijt derhalve gegroet, gij, mijn geliefden in de Heere, die u mijner herinnert; gegroet gij allen, die mij achter Dennebooms toonbank als een dartel jongeling hebt gekend; maar er ook getuige van bent geweest, hoe die jongeling zijn zonde heeft leren beschreien, en zich grotelijks heeft verheugd in de kringen der vromen zich te mogen bevinden.

Zijt gegroet gij beminden in de Heere te Emlenkamp en Echteler; te Volsel en Voorwald, in 't Laar en te Ringe; op Bathoorn en de Hoogstede; op de Bane en de Kalle; gegroet geheel de kerk in het Graafschap Bentheim, en niet het minst, gij geliefde gemeente van Veldhuizen, waar ik voor het eerst van mijn leven de herdersstaf heb mogen opnemen. Nog menig Israëliet, met vele Filistijnen en Tyriërs worden er in uw midden geboren, en make God de Heere, Die zo getrouw is als sterk, u voor Bentheim en Oostfriesland, ja mocht het zijn, voor geheel Duitsland, hoe langer hoe meer tot een getrouwe getuige; krone Hij al uw arbeid met Zijnen onmisbare zegen en doe Hij u bij de voortgang pal staan voor de waarheid zoals gij al een halve eeuw pal gestaan hebt. Zonder "Oberkirchenrath" en zonder "Kaiserliche Genehmigung", zij Zions Koning steeds uw enige roem, en God de Heere zal met U zijn.

Die God zij ook met mij! Wonderlijk en trouw heeft Hij mij geleid, en niets dan weldaden heeft Hij tot op dit ogenblik mij bewezen; maar verder heb ik nog evenzeer Hem nodig, als ik Hem tot hiertoe niet heb kunnen ontberen. Schrage Hij mijn wankelende knieën, en leidde Hij mij in het spoor der gerechtigheid om Zijns Naams wil; brenge Hij mij veel aan de voet van het kruis, en doe Hij in ruime mate mij ervaren, welk een heil en zaligheid er in Zijn dienst wordt gevonden. Gebruike Hij mijn geringe pogingen in de dienst des Evangelies, ter redding van velen, en make Hij ook deze bladzijden dienstbaar tot verheerlijking van Zijnen Naam.

O, welk een stof van blijdschap zou het wezen niet alleen voor mij, maar voor geheel de commissie, die mij om de uitgave dezer bladzijden heeft verzocht, indien velen van Abrahams nakroost of van hen die zich Christenen noemen, maar, nochtans de Heere Christus door het geloof nog niet hebben leren kennen, door middel van hetgeen ik hier heb meegedeeld voor Israëls Messias leerden knielen. Worde dan tevens Gods volk er door bemoedigd, en er door versterkt in het geloof, dat de Heere, het Verbond met Abraham Zijn vriend van kind tot kind bevestigt, dan zal mijn blijdschap des te groter wezen.

Nu, God de Heere is machtig om overvloedig te schenken boven bidden en begeren, op Hem zij dan biddend ons oog gevestigd; van Hem de zegen ook over dit geschrevene voor Israël en de volkeren afgebeden; en Hij, die Zijn genade verheerlijkt heeft aan mij, is machtig en gewillig om ze ook te verheerlijken aan anderen. De volheid der heidenen zal ingaan, en gans Israël zal zalig worden; daarom kunnen wij moed houden; standvastig, onbewegelijk, altijd overvloedig zijnde in

het werk des Heeren, als die weten dat onze arbeid niet ijdel
zal zijn in de Heere.
Hoort hoe de dichter zingt:

> *De koninkrijken en de machten,*
> *Zijn voor altoos aan de geslachten,*
> *Wien heel het schepselendom aanbidt.*
> *De laatste hoogten zijn gevallen;*
> *En met zijn duizend - duizendtallen,*
> *Neemt Hij de wereld in bezit.*

Alles wat adem heeft looft dan de Heere; door miljoenen en
ontelbare zal dan God worden groot gemaakt en aller leus en
aller leven zal dan niets anders zijn dan alleen,
SOLI DEO GLORIA!
Gode alleen de eer.

Ds. Kropveld op oudere leeftijd.

Eerste steen Singelkerk in Koudum (Friesland)

www.ingramcontent.com/pod-product-compliance
Lightning Source LLC
La Vergne TN
LVHW041313200726
843509LV00009B/474